www.ingramcontent.com/pod-product-compliance
Lightning Source LLC
LaVergne TN
LVHW050655200726
843506LV00010B/1534

الجزء الثالث

المدير العام : **أحمد فؤاد**

اسم الكتاب: حقائق_ومعاني_من_القرآن_الكريم_الجزء_الثالث

اسم المؤلف: محمد عبد الرحيم عبد الرزاق

تنسيق داخلي: مريم محمد سيد

سنة النشر: 2024

تصميم الغلاف:

تدقيق لغوي:

- للتواصـــــل: +201090767919

- إدارة التوزيــــع : +201009591771

- العنـــــوان: 72 شارع جامعة الدول العربية - المهندسين

- الموقع الالكتروني: www.booksbooking.com

مقدمة الجزء الثالث

بسم الله ، والحمد لله ، والصلاة والسلام على رسول الله ، نقدم الجزء الثالث من هذا العمل " حقائق ومعاني من القرآن الكريم "

ونبدأ بعدة مقالات من حقائق القرآن الكريم والسيرة النبوية

ثم نتناول بعضاً من أحكام المرأة والأسرة

كما نتناول بعضاً من أحكام المعاملات المالية المستحدثة

ثم سلسلة مقالات عن الحب في القرآن

ونختم ببعض معاني بعض المصطلحات في القرآن كما تعودنا في هذا العمل باستخدام التضاد في معظم الأحيان والترادف في بعض الأحيان

ندعو الله أن يهدينا وأياكم سواء السبيل

هذا وبالله التوفيق .

عقوق الوالدين في القرآن

لقد حثنا الله عز وجل على الإحسان إلى الوالدين ، فيقول تعالى " وَقَضَى رَبُّكَ أَلاَّ تَعْبُدُواْ إِلاَّ إِيَّاهُ وَبِالْوَالِدَيْنِ إِحْسَاناً " (الإسراء 23) .

كما حثنا الله عز وجل على صلة الرحم ، وجعل قطع الرحم من الكبائر التي تستوجب اللعنة ، في قوله تعالى " وَالَّذِينَ يَنقُضُونَ عَهْدَ اللَّهِ مِن بَعْدِ مِيثَاقِهِ وَيَقْطَعُونَ مَا أَمَرَ اللَّهُ بِهِ أَن يُوصَلَ وَيُفْسِدُونَ فِي الْأَرْضِ أُوْلَئِكَ لَهُمُ اللَّعْنَةُ وَلَهُمْ سُوءُ الدَّارِ " (الرعد 25) .

لذا فعقوق الوالدين من الكبائر ، فهما أصل الرحم ، ولا حاجة لدينا لنص في القرآن على عقوبة العاق لوالديه .

وعقوق الوالدين من أكبر الكبائر في الحديث النبوى ، فيروى عن الرسول صلى الله عليه وسلم أنه قال " ألا أُنَبِّئُكُمْ بِأَكْبَرِ الكَبائِرِ قُلْنا: بَلَى يا رَسولَ اللَّهِ، قالَ: الإشْراكُ باللَّهِ، وعُقُوقُ الوالِدَيْنِ، وكانَ مُتَّكِئًا فَجَلَسَ فقالَ: ألا وقَوْلُ الزُّورِ، وشَهادَةُ الزُّورِ، ألا

محمد عبد الرحيم عبد الرزاق

وقَوْلُ الزُّورِ، وشَهادَةُ الزُّورِ فَما زالَ يقولُها، حتَّى قُلتُ: لا يَسْكُتُ
"

وليس من عقوق الوالدين ، عدم طاعتهم في إرتكاب الكبائر
وخاصة التي تؤدي بصاحبها إلى نار جهنم ، كأكل مال اليتيم ،
والرشوة ، وقتل النفس التي حرم الله إلا بالحق ، وغيرها من
الكبائر .

ندعو الله أن يهدينا وإياكم سواء السبيل .

هذا وبالله التوفيق .

العقوبات على الكبائر في النظم القانونية

في العصر الحديث ، تعقدت النظم القانونية في الدول ، ووضعت العقوبات في القوانين على الكبائر الخطيرة على المجتمع كالجنايات وكذلك على الصغائر كالجنح.

وكنا قد كتبنا مقالاً عن أسباب العذاب في الدنيا ، ووضحنا فيه أن الله قد قرر بعضاً من العذاب في الدنيا على بعض الكبائر ، ووضحنا أن الكبيرة هي كل ما يستحق عليه العبد عذاباً في الدنيا أو الآخرة.

وحماية للمجتمع من خطورة إرتكاب الكبائر وضع الله العقوبات على الكبائر في قرآنه المجيد وذلك في صورة عذاب سواء في الدنيا أو الآخرة . ونقول أنه لا حاجة لوضع عقوبات على هذة الكبائر في النظم القانونية بالدول.

فقد حمى الله عز وجل مال اليتيم في قوله تعالى "إِنَّ الَّذِينَ يَأْكُلُونَ أَمْوَالَ الْيَتَامَى ظُلْمًا إِنَّمَا يَأْكُلُونَ فِي بُطُونِهِمْ نَارًا وَسَيَصْلَوْنَ سَعِيرًا " (النساء 10).

وحمى الله المال العام في قوله تعالى   "يَا أَيُّهَا الَّذِينَ آمَنُوا لَا تَأْكُلُوا أَمْوَالَكُمْ بَيْنَكُمْ بِالْبَاطِلِ إِلَّا أَنْ تَكُونَ تِجَارَةً عَنْ تَرَاضٍ مِنْكُمْ وَلَا تَقْتُلُوا أَنْفُسَكُمْ إِنَّ اللَّهَ كَانَ بِكُمْ رَحِيمًا * وَمَنْ يَفْعَلْ ذَلِكَ عُدْوَانًا وَظُلْمًا فَسَوْفَ نُصْلِيهِ نَارًا وَكَانَ ذَلِكَ عَلَى اللَّهِ يَسِيرًا " (النساء 29- 30)

وحمى الله المال الخاص في قوله تعالى   "وَالسَّارِقُ وَالسَّارِقَةُ فَاقْطَعُوا أَيْدِيَهُمَا جَزَاءً بِمَا كَسَبَا نَكَالًا مِنَ اللَّهِ وَاللَّهُ عَزِيزٌ حَكِيمٌ * فَمَنْ تَابَ مِنْ بَعْدِ ظُلْمِهِ وَأَصْلَحَ فَإِنَّ اللَّهَ يَتُوبُ عَلَيْهِ إِنَّ اللَّهَ غَفُورٌ رَحِيمٌ * أَلَمْ تَعْلَمْ أَنَّ اللَّهَ لَهُ مُلْكُ السَّمَاوَاتِ وَالْأَرْضِ يُعَذِّبُ مَنْ يَشَاءُ وَيَغْفِرُ لِمَنْ يَشَاءُ وَاللَّهُ عَلَى كُلِّ شَيْءٍ قَدِيرٌ " (المائدة 38 - 40) .

وحمى الله النفس البشرية في قوله تعالى   "وَمَنْ يَقْتُلْ مُؤْمِنًا مُتَعَمِّدًا فَجَزَاؤُهُ جَهَنَّمُ خَالِدًا فِيهَا وَغَضِبَ اللَّهُ عَلَيْهِ وَلَعَنَهُ وَأَعَدَّ لَهُ عَذَابًا عَظِيمًا " (النساء 93)

كما حمى الله العلاقات المالية بين الشخصيات الطبيعية، فوضع عقوبة الربا في صورة حرب من الله ورسوله ، في قوله تعالى " يَا أَيُّهَا الَّذِينَ آمَنُوا اتَّقُوا اللَّهَ وَذَرُوا مَا بَقِيَ مِنَ الرِّبَا إِنْ كُنْتُمْ

مُؤْمِنِينَ * فَإِنْ لَمْ تَفْعَلُوا فَأْذَنُوا بِحَرْبٍ مِنَ اللَّهِ وَرَسُولِهِ وَإِنْ تُبْتُمْ فَلَكُمْ رُءُوسُ أَمْوَالِكُمْ لَا تَظْلِمُونَ وَلَا تُظْلَمُونَ " (البقرة 278 - 279).

كما حمى الله أسرار الدولة من خطر " التجسس" ، " وهو النفاق في القرآن " ، في قوله تعالى " بَشِّرِ الْمُنَافِقِينَ بِأَنَّ لَهُمْ عَذَابًا أَلِيمًا " (النساء 138).

كما حمى الله الأعراض في أكثر من موضع في القرآن منها قوله تعالى " إِنَّ الَّذِينَ يَرْمُونَ الْمُحْصَنَاتِ الْغَافِلَاتِ الْمُؤْمِنَاتِ لُعِنُوا فِي الدُّنْيَا وَالْآخِرَةِ وَلَهُمْ عَذَابٌ عَظِيمٌ " (النور 23)

وحمى الله دور العبادة من السعي في خرابها ، في قوله تعالى " وَمَنْ أَظْلَمُ مِمَّنْ مَنَعَ مَسَاجِدَ اللَّهِ أَنْ يُذْكَرَ فِيهَا اسْمُهُ وَسَعَى فِي خَرَابِهَا أُولَئِكَ مَا كَانَ لَهُمْ أَنْ يَدْخُلُوهَا إِلَّا خَائِفِينَ لَهُمْ فِي الدُّنْيَا خِزْيٌ وَلَهُمْ فِي الْآخِرَةِ عَذَابٌ عَظِيمٌ " (البقرة 114) .

وحمى الله الأمن والنظام العام من خطر " الحرابة " ، أو ما يمكن أن نطلق له ترويع الآمنين أو ما يعرف في الأوساط الإعلامية بالإرهاب ، وأجاز الله محاربة هؤلاء ووضع العقوبات لهم ، في قوله تعالى " إِنَّمَا جَزَاءُ الَّذِينَ يُحَارِبُونَ اللَّهَ وَرَسُولَهُ

وَيَسْعَوْنَ فِي الْأَرْضِ فَسَادًا أَنْ يُقَتَّلُوا أَوْ يُصَلَّبُوا أَوْ تُقَطَّعَ أَيْدِيهِمْ وَأَرْجُلُهُمْ مِنْ خِلَافٍ أَوْ يُنْفَوْا مِنَ الْأَرْضِ ذَلِكَ لَهُمْ خِزْيٌ فِي الدُّنْيَا وَلَهُمْ فِي الْآخِرَةِ عَذَابٌ عَظِيمٌ * إِلَّا الَّذِينَ تَابُوا مِنْ قَبْلِ أَنْ تَقْدِرُوا عَلَيْهِمْ فَاعْلَمُوا أَنَّ اللَّهَ غَفُورٌ رَحِيمٌ " (المائدة 33 - 34).

كما حمى الله الأمانات ، في قوله تعالى " يَا أَيُّهَا الَّذِينَ آمَنُوا لَا تَخُونُوا اللَّهَ وَالرَّسُولَ وَتَخُونُوا أَمَانَاتِكُمْ وَأَنْتُمْ تَعْلَمُونَ "(الأنفال 27) ، وقد عد رسول الله خيانة الأمانة كصفة من صفات المنافقين ، فعن عبد الله بن عمرو أنّ النبي عليه السلام قال: (أربعٌ من كن فيه كان منافقًا خالصًا، ومن كانت فيه خَصْلَةٌ منهن كانت فيه خَصْلَةٌ من النفاقِ حتى يدعَها: إذا اؤتُمِنَ خانَ، وإذا حدَّثَ كذبَ، وإذا عاهدَ غَدرَ، وإذا خاصمَ فجرَ) [صحيح البخاري].

ويُعدّ نقض العهد والميثاق من صور خيانة الأمانة . وإذا كان نقض العهد والميثاق كبيرة من الكبائر في قوله تعالى " إِنَّ الَّذِينَ يَشْتَرُونَ بِعَهْدِ اللَّهِ وَأَيْمَانِهِمْ ثَمَنًا قَلِيلًا أُولَئِكَ لَا خَلَاقَ لَهُمْ فِي الْآخِرَةِ وَلَا يُكَلِّمُهُمُ اللَّهُ وَلَا يَنْظُرُ إِلَيْهِمْ يَوْمَ الْقِيَامَةِ وَلَا يُزَكِّيهِمْ وَلَهُمْ

عَذَابٌ أَلِيمٌ " (آل عمران 77) ، فمن باب أولى أن تكون خيانة الأمانة من الكبائر.

وأخيراً وليس آخراً فقد حمى الله أموال المواريث ، في قوله تعالى " فَأَمَّا الْإِنسَانُ إِذَا مَا ابْتَلَاهُ رَبُّهُ فَأَكْرَمَهُ وَنَعَّمَهُ فَيَقُولُ رَبِّي أَكْرَمَنِ * وَأَمَّا إِذَا مَا ابْتَلَاهُ فَقَدَرَ عَلَيْهِ رِزْقَهُ فَيَقُولُ رَبِّي أَهَانَنِ * كَلَّا ۖ بَل لَّا تُكْرِمُونَ الْيَتِيمَ * وَلَا تَحَاضُّونَ عَلَىٰ طَعَامِ الْمِسْكِينِ * وَتَأْكُلُونَ التُّرَاثَ أَكْلًا لَّمًّا * وَتُحِبُّونَ الْمَالَ حُبًّا جَمًّا " (الفجر 15 - 20).

هذا ولا يتسع المقام هنا لذكر كل الكبائر التي وضع الله لها عذاباً أو عقوبة ، ولكن نقول أنه لا حاجة لدينا لوضع عقوبات في النظم القانونية للدول على الكبائر في القرآن أو ما يعرف بالجنايات ، ولا حاجة لوضع أي إجراءات إحترازية كالحبس الإحتياطي على هذة الكبائر في القرآن ، ويجب تبسيط قوانين العقوبات في الدول بحذف العقوبات على الجنايات " الكبائر " . كما يجب أن ندع الملك للمالك وهو الله الذي وعدنا بالإنتقام من المجرمين ، فقد قال تعالى " إِنَّ اللَّهَ عَزِيزٌ ذُو انتِقَامٍ " (إبراهيم 47) وقال تعالى " إِنَّا مِنَ الْمُجْرِمِينَ مُنتَقِمُونَ " (السجدة 22).

ندعو الله أن يهدينا وإياكم سواء السبيل.

هذا وبالله التوفيق.

محمد عبد الرحيم عبد الرزاق

عقوبة آكل مال اليتيم ظلماً في القرآن

ذكرنا من قبل ، أننا لا نحتاج إلى أن نضع في أنظمة وقوانين الدول أي عقوبة على الكبائر ، وخاصة الكبائر التي وضع لها الله عز وجل عقوبة في الدنيا.

وهنا في هذا المقال ، نُسلط الضوء على عقوبة آكل مال اليتيم ظلماً في القرآن ، فيقول تعالى " إِنَّ الَّذِينَ يَأْكُلُونَ أَمْوَالَ الْيَتَامَىٰ ظُلْمًا إِنَّمَا يَأْكُلُونَ فِي بُطُونِهِمْ نَارًا ۖ وَسَيَصْلَوْنَ سَعِيرًا " (النساء 10).

فقد وضع الله عقوبة لآكل مال اليتيم ظلماً في القرآن ، في الدنيا أنه يأكل في بطنه ناراً ، وفى الآخرة أنه سيصلى سعيراً.

لذا فقد حمى الله أموال اليتامي في الدنيا ، وقد ذكرنا أن لأموال اليتامى أحكام في أنظمة وقوانين الدول ، لقوله تعالى " وَابْتَلُوا الْيَتَامَى حَتَّى إِذَا بَلَغُوا النِّكَاحَ فَإِنْ آنَسْتُمْ مِنْهُمْ رُشْدًا فَادْفَعُوا إِلَيْهِمْ أَمْوَالَهُمْ وَلَا تَأْكُلُوهَا إِسْرَافًا وَبِدَارًا أَنْ يَكْبَرُوا وَمَنْ كَانَ غَنِيًّا فَلْيَسْتَعْفِفْ وَمَنْ كَانَ فَقِيرًا فَلْيَأْكُلْ بِالْمَعْرُوفِ فَإِذَا دَفَعْتُمْ إِلَيْهِمْ أَمْوَالَهُمْ فَأَشْهِدُوا عَلَيْهِمْ وَكَفَى بِاللَّهِ حَسِيبًا " (النساء 6).

لكن في أحكام اليتامى في أنظمة وقوانين الدول ، ليس في القرآن ما يجيز وضع أي عقوبات أو تعزير لآكل مال اليتامى ظلماً ، فقد وضع الله عقوبة في الدنيا على آكل مال اليتامى ظلماً وهي أنه يأكل في بطنه ناراً.

وهنا نوضح أن التعزير في الفقه هو العقوبة الموضوعة من ولي الأمر على ما ليس له حد في القرآن ، وهو ما ننفيه هنا في هذا العمل.

لذا فنحن في حاجة إلى أن نُعرف في الأنظمة والقوانين اليتيم وسن الرشد حتى يتسلم اليتيم امواله عملاً بقوله تعالى" وَلَا تَقْرَبُوا مَالَ الْيَتِيمِ إِلَّا بِالَّتِي هِيَ أَحْسَنُ حَتَّى يَبْلُغَ أَشُدَّهُ وَأَوْفُوا الْكَيْلَ وَالْمِيزَانَ بِالْقِسْطِ لَا نُكَلِّفُ نَفْسًا إِلَّا وُسْعَهَا وَإِذَا قُلْتُمْ فَاعْدِلُوا وَلَوْ كَانَ ذَا قُرْبَى وَبِعَهْدِ اللَّهِ أَوْفُوا ذَلِكُمْ وَصَّاكُمْ بِهِ لَعَلَّكُمْ تَذَكَّرُونَ" (الأنعام: 152).

ولسنا في حاجة إلى وضع عقوبات على آكل مال اليتيم ظلماً حتى لا نمنع نزول عقوبة الله عليه في الدنيا ، عملاً بقوله تعالى "إِنَّ الَّذِينَ يَأْكُلُونَ أَمْوَالَ الْيَتَامَى ظُلْمًا إِنَّمَا يَأْكُلُونَ فِي بُطُونِهِمْ نَارًا ۖ وَسَيَصْلَوْنَ سَعِيرًا " (النساء 10).

محمد عبد الرحيم عبد الرزاق

وهنا ندعو السلطات التشريعية بدول العالم ، بأن تحذف العقوبات من أنظمتها على آكل مال اليتيم ظلماً.

وليس في ذلك خلط للعقائد بالسياسة . فنحن في هذا العمل نفصل العقائد عن السياسة.

ندعو الله أن يهدينا وإياكم سواء السبيل.
هذا وبالله التوفيق.

المعروف والمنكر في الدول الديمقراطية الحديثة

لقد جعل الله أمة خاتم الأنبياء خير أمة أخرجت للناس ، وذلك بشروط وهي الأمر بالمعروف والنهي عن المنكر والإيمان بالله في قوله تعالى : " كُنتُمْ خَيْرَ أُمَّةٍ أُخْرِجَتْ لِلنَّاسِ تَأْمُرُونَ بِالْمَعْرُوفِ وَتَنْهَوْنَ عَنِ الْمُنكَرِ وَتُؤْمِنُونَ بِاللَّهِ " (آل عمران 110) .

وهنا نستنتج أن الأمر بالمعروف والنهي عن المنكر يختلف عن الإيمان بالله .

وفي سياق آخر ، في قوله تعالى " وَلْتَكُن مِّنكُمْ أُمَّةٌ يَدْعُونَ إِلَى الْخَيْرِ وَيَأْمُرُونَ بِالْمَعْرُوفِ وَيَنْهَوْنَ عَنِ الْمُنكَرِ ۚ وَأُولَٰئِكَ هُمُ الْمُفْلِحُونَ " (آل عمران 104) .

وهنا نستنتج أن الأمر بالمعروف والنهي عن المنكر يختلف عن الدعوة إلى الخير ، ومن التشابه في آيات الدعوة ، يمكن إستنتاج، أن الخير هنا هو الهدى ، وأن الدعوة إلى الخير هنا هي الدعوة إلى كل أمر دعا به الله ، في كتابه العزيز الناس، ويؤدي بصاحبه

إلى الجنة ، وكذلك يمكن إعتبار كل نهي في القرآن ، يؤدي بصاحبه إلى النار ،هو دعوة إلى الخير إذا إجتنبناه ،عملا بقوله تعالى " يَا أَيُّهَا الَّذِينَ آمَنُوا قُوا أَنفُسَكُمْ وَأَهْلِيكُمْ نَارًا وَقُودُهَا النَّاسُ وَالْحِجَارَةُ " (التحريم 6) .

وفي هذا المقال سيدور الحديث عن تعريف كل من المعروف والمنكر في القرآن ، فيقول تعالى " خُذِ الْعَفْوَ وَأْمُرْ بِالْعُرْفِ وَأَعْرِضْ عَنِ الْجَاهِلِينَ " (الأعراف 199) ، وهنا يأمر الله نبيه بأن يأخذ من أموال المؤمنين ما عفوا عنه وأن يأمر بما تعارف عليه الناس في الجاهلية على أنه أعمال حسنه وأن يعرض عن الجاهلين بذلك .

لذا ومما سبق يمكن إعتبار المعروف هو كل أمر تعارفت عليه الأنظمه على أنه عمل حسن ، وكذلك يمكن إعتبار المنكر هو كل أمر تعارفت عليه الأنظمه على أنه عمل سئ .

والمراد بالأنظمة في عصرنا هذا في الدول الديمقراطية الحديثة هو الدستور والقانون وليس أي أمر آخر .

كما أن المراد بالأمة في قوله تعالى " وَلْتَكُن مِّنكُمْ أُمَّةٌ يَدْعُونَ إِلَى الْخَيْرِ وَيَأْمُرُونَ بِالْمَعْرُوفِ وَيَنْهَوْنَ عَنِ الْمُنكَرِ ۚ وَأُولَٰئِكَ هُمُ الْمُفْلِحُونَ " (آل عمران 104) . هو الأحزاب السياسية والنقابات والجمعيات الأهلية في الدول الديمقراطية الحديثة وليس أي فرد أو جماعة .

ولا خلاف في ذلك مع الحديث النبوي " ((من رأى منكم منكراً فليغيره بيده، فإن لم يستطع فبلسانه فإن لم يستطع فبقلبه وذلك أضعف الإيمان)) " ، فتغيير المنكر باليد يكون للأشخاص الإعتبارية من سلطات تشريعية وقضائية وتنفيذية ، أما الأفراد الطبيعية فلها تغيير المنكر باللسان وفق الأنظمة المعمول بها في كل دولة ، فإن لم يستطع ذلك أيضاً فبالقلب

وقد أحال الله عز وجل تفصيل بعض الأحكام إلى المعروف في الدول ، أو ما يمكن أن نقول عليه في عصرنا إلى الدساتير والقوانين ، ولا يتسع المجال هنا لذكر هذة الآيات والأحكام ، ولكن نقول أنها على سبيل المثال وليس الحصر :

1- أحكام العفو عند القصاص

محمد عبد الرحيم عبد الرزاق

2 - أحكام الوصية

3 - أحكام عدة الطلاق

4 - أحكام عدة المتوفى

5- أحكام الخطبة والزواج

6 - أحكام نفقة المتعة

7- أحكام أموال اليتامى

ندعو الله أن يهدينا وإياكم سواء السبيل .

هذا وبالله التوفيق .

حقوق النساء في النظم الديمقراطية الحديثة

لقد منح الله في كتابه العزيز ، النساء حق البيعة ، فيقول الله في كتابه العزيز : " يَا أَيُّهَا النَّبِيُّ إِذَا جَاءَكَ الْمُؤْمِنَاتُ يُبَايِعْنَكَ عَلَى أَنْ لَا يُشْرِكْنَ بِاللَّهِ شَيْئًا وَلَا يَسْرِقْنَ وَلَا يَزْنِينَ وَلَا يَقْتُلْنَ أَوْلَادَهُنَّ وَلَا يَأْتِينَ بِبُهْتَانٍ يَفْتَرِينَهُ بَيْنَ أَيْدِيهِنَّ وَأَرْجُلِهِنَّ وَلَا يَعْصِينَكَ فِي مَعْرُوفٍ فَبَايِعْهُنَّ وَاسْتَغْفِرْ لَهُنَّ اللَّهَ إِنَّ اللَّهَ غَفُورٌ رَحِيمٌ " (الممتحنة 12) .

ولقد شهدت كل من أم عمارة نسيبة بنت كعب الأنصارية، وأم منيع أسماء بنت عمرو رضي الله عنهما بيعة العقبة الكبرى ، قال الحافظ ابن حجر في الإصابة في ترجمته لأم منيع هذه: وقد أخرج ابن سعد عن الواقدي بسند له إلى أم عمارة قالت: كان الرجال تصفق على يدي رسول الله صلى الله عليه وسلم ليلة العقبة والعباس آخذ بيده، فلما بقيت أنا وأم منيع نادى زوجي غزية بن عمرو: يا رسول الله هاتان امرأتان حضرتا معنا يبايعنك، فقال: قد بايعتكما، إني لا أصافح النساء. انتهى.

وعن هذة البيعة يقول الله تعالى " لَقَدْ رَضِيَ اللَّهُ عَنِ الْمُؤْمِنِينَ إِذْ يُبَايِعُونَكَ تَحْتَ الشَّجَرَةِ فَعَلِمَ مَا فِي قُلُوبِهِمْ فَأَنْزَلَ السَّكِينَةَ عَلَيْهِمْ وَأَثَابَهُمْ فَتْحًا قَرِيبًا " (الفتح 18) .

وفي النظم الديمقراطية الحديثة يقابل نظام البيعة ، نظام الترشح والإنتخاب ، ويكون لكل من له حق الإنتخاب حق الترشح .

لذا فللنساء في النظم الديمقراطية الحديثة حق الترشح والإنتخاب ، وذلك على قدم المساواة مع الرجال .

أما عن قوله تعالى " الرِّجَالُ قَوَّامُونَ عَلَى النِّسَاءِ بِمَا فَضَّلَ اللَّهُ بَعْضَهُمْ عَلَى بَعْضٍ وَبِمَا أَنْفَقُوا مِنْ أَمْوَالِهِمْ " (النساء 34) فحق القوامة يتعلق بواجبات الزوج نحو زوجته وأسرته من إنفاق وخلافه ولا علاقة له بالولاية السياسية أو حق الترشح و الإنتخاب في النظم الديمقراطية الحديثة .

أما عن قول رسول الله " لن يفلح قوم ولّوا أمرهم امرأة " رواه البخاري (4425)، ورواه النسائي في " السنن " (227/8) .
فيجب هنا أن نفرق بين كل من الولاية السياسية في نظام البيعة والولاية السياسية في النظم الديمقراطية الحديثة .

فالولاية السياسية في نظام البيعة تكون للشخصية الطبيعية ، أما في النظم الديمقراطية الحديثة فالولاية السياسية تكون للشخصية الإعتبارية الممثلة في رئيس الدولة والمجالس النيابية المنتخبة والقضاء .

والفارق بين الشخصية الطبيعية والشخصية الإعتبارية ، أنه في الولاية السياسية للشخصية الطبيعية يكون كل من الراعي (الوالي) و الرعية (الموالي) غير ملزمين بالأوامر التي أصدرها سلفه من الولاه السياسيين .

أما في النظم الديمقراطية الحديثة فالولاية السياسية تكون للشخصية الإعتبارية الممثلة في مؤسسات الدولة من رئيس ومجالس نيابية منتخبة و قضاء .

وكل الرعية (الموالي) أو المواطنين في النظم الديمقراطية الحديثة ملزمين بأي قانون أو أمر تنفيذي أو تشريعي أو قضائي تصدره الشخصيات الإعتبارية أي كانت الشخصيات الطبيعية التي تتولى هذة المناصب السياسية ولو بعد تركها منصبها .

وكذلك الشخصيات الطبيعية التي تتولى هذة المناصب ملزمه بتلك القوانين والأوامر .

ومن المعلوم أن للشخصيات الإعتبارية أحكام تختلف عن أحكام الشخصيات الطبيعية في الفقه .

ويستحيل في النظم الديمقراطية الحديثة أن تكون كل المناصب المنتخبة للنساء فقط أو للرجال فقط .

لذا فلا معنى لحرمان النساء من تولى المناصب التنفيذية والتشريعية والقضائية في النظم الديمقراطية الحديثة . فالولاية السياسية هنا للشخصية الإعتبارية وليس للشخصية الطبيعية .

وكل منا يعرف موقف القرآن من ملكة سبأ ، في قوله تعالى " إِنِّي وَجَدتُّ امْرَأَةً تَمْلِكُهُمْ وَأُوتِيَتْ مِن كُلِّ شَيْءٍ وَلَهَا عَرْشٌ عَظِيمٌ " (النمل 23) .

ندعو الله أن يهدينا وإياكم سواء السبيل .

هذا وبالله التوفيق .

حدود طاعة الزوجة لزوجها

تقوم العلاقة الزوجية الناجحة على المودة والرحمة ، فيقول تعالى " وَمِنْ آيَاتِهِ أَنْ خَلَقَ لَكُم مِّنْ أَنفُسِكُمْ أَزْوَاجًا لِّتَسْكُنُوا إِلَيْهَا وَجَعَلَ بَيْنَكُم مَّوَدَّةً وَرَحْمَةً ۚ إِنَّ فِي ذَٰلِكَ لَآيَاتٍ لِّقَوْمٍ يَتَفَكَّرُونَ " (الروم 21).

وتقتضي هذة المودة والرحمة ، طاعة الزوجة لزوجها ، فيقول صلى الله عليه وسلم " لو كُنْتُ آمِرًا أَحَدًا أَنْ يَسْجُدَ لِأَحَدٍ ، لَأَمَرْتُ المرأةَ أَنْ تَسْجُدَ لِزَوْجِها " [سنن الترمذي] . وعن عبد الرحمن إبن عوف أن رسول الله صلى الله عليه وسلم قال "إذا صلَّتِ المرأةُ خَمسَها ، وصامَت شَهْرَها ، وحفِظَت فرجَها ، وأطاعَت زوجَها قيلَ لَها : ادخلي الجنَّةَ من أيِّ أبوابِ الجنَّةِ شئتِ"

لذا فلا طاعة للزوج على زوجها في عدم أداء الصلوات الخمس وكذلك عدم صيام شهر رمضان.

كذلك لا طاعة للزوج على زوجها في إرتكاب الكبائر وخاصة التي تؤدي بصاحبها إلى نار جهنم ، كأكل مال اليتيم ، والرشوة ، وقتل النفس التي حرم الله إلا بالحق ، وغيرها من الكبائر التي

تؤدي بصاحبها إلى نار جهنم ، وذلك لقوله تعالى " أُولَٰئِكَ يَدْعُونَ إِلَى النَّارِ ۖ وَاللَّهُ يَدْعُو إِلَى الْجَنَّةِ وَالْمَغْفِرَةِ بِإِذْنِهِ " (البقرة 221) .

ندعو الله أن يهدينا وإياكم سواء السبيل.

هذا وبالله التوفيق.

النقاب وحدود الحرية الشخصية

النقاب هو غطاء وجه الإنسان ، ومن تعبيرات وجه الإنسان تستطيع أن تعرف بعض أحواله , سعيد أم حزين , مريض أم معافي ، صادق أم كاذب ، كما أن حال الإنسان في الآخرة يعرف من وجهه ، فيقول تعالى : " يَوْمَ تَبْيَضُّ وُجُوهٌ وَتَسْوَدُّ وُجُوهٌ " (آل عمران 106) ويقول تعالى : " وُجُوهٌ يَوْمَئِذٍ نَاضِرَةٌ * إِلَى رَبِّهَا نَاظِرَةٌ * وَوُجُوهٌ يَوْمَئِذٍ بَاسِرَةٌ * تَظُنُّ أَنْ يُفْعَلَ بِهَا فَاقِرَةٌ " (القيامة 22 - 25) ، ويقول تعالى : " وَيَوْمَ الْقِيَامَةِ تَرَى الَّذِينَ كَذَبُوا عَلَى اللَّهِ وُجُوهُهُمْ مُسْوَدَّةٌ أَلَيْسَ فِي جَهَنَّمَ مَثْوًى لِلْمُتَكَبِّرِينَ " (الزمر 60) .

والنقاب قد يكون حرية شخصية ، ولكن عندما يتعلق الأمر بارتكاب الكبائر التي تستوجب العذاب واللعنة من الله ، فيجب أن يكون لنا وقفه .

فلقد أمرنا الله في قرآنه المجيد ، بصلة الرحم وحذرنا الله تعالى من قطيعة الرحم وذلك في قوله تعالى : " وَالَّذِينَ يَنْقُضُونَ عَهْدَ اللَّهِ مِنْ بَعْدِ مِيثَاقِهِ وَيَقْطَعُونَ مَا أَمَرَ اللَّهُ بِهِ أَنْ يُوصَلَ

وَيُفْسِدُونَ فِي الْأَرْضِ أُولَئِكَ لَهُمُ اللَّعْنَةُ وَلَهُمْ سُوءُ الدَّارِ " (الرعد 25) .

وأنت عندما تنظر إلي وجه الإنسان , تستطيع أن تعرف بعض أحواله . فحتى تتحقق صلة الرحم يجب عليك أن تعرف أحوال رحمك ولا تخفي عنهم بعض أحوالك . لذا فيجب علي الإنسان رجل كان أو إمرأة وهو يصل رحمه ألا يخفي وجهه عنهم .

فقطيعة الرحم هنا من كبائر الذنوب التي تستوجب لعنة الله . لذا فقد يكون إرتداء النقاب ، أمام ما أمر الله به أن يوصل ، كبيرة من الكبائر ، وليس حرية شخصية والله أعلم .

وينبغي هنا أن نوضح أن ما أمر الله به أن يوصل لا يقتصر على المحارم ولكن يمتد إلى عموم الأهل و الأقارب والأرحام .

وبعيداً عن الكبائر وقطيعة الرحم فالإنسان ملزم بإتباع القوانين والأوامر التي تصدر عن سلطات الدول ، فيقول الله تعالى : " يَا أَيُّهَا الَّذِينَ آمَنُوا أَطِيعُوا اللَّهَ وَأَطِيعُوا الرَّسُولَ وَأُولِي الْأَمْرِ مِنْكُمْ

فَإِنْ تَنَازَعْتُمْ فِي شَيْءٍ فَرُدُّوهُ إِلَى اللَّهِ وَالرَّسُولِ إِنْ كُنْتُمْ تُؤْمِنُونَ بِاللَّهِ وَالْيَوْمِ الْآخِرِ ذَلِكَ خَيْرٌ وَأَحْسَنُ تَأْوِيلًا " (النساء 59) .

لذا فلا يجوز مخالفة القوانين التي تحظر النقاب في الأماكن العامة في بعض الدول .

كما أن إرتداء النقاب أمام القاضي في المحاكم أثناء الشهادة يبطل الشهادة . فالقاضي يجب أن يتعرف على شخصية الشاهد ويتعرف على تعبيرات وجهه أثناء الشهادة ليكون عقيدة إذا ما كان هذا الشاهد يقول صدقاً أم كذباً .

كما أن إرتداء بعض المتهمين النقاب أثناء المحاكمة يُبطل المحاكمة لذات الأسباب.

وليست مشكلة كاتب هذا المقال أن هيئات الدفاع عن المتهين والإدعاء لا تدفع ببطلان الشهادة والمحاكمة .

كما أن إداء المنتقبات بصوتهم في الإنتخابات والإستفتاءات العامة دون أن يتعرف المشرف على الإنتخابات على شخصيتهم يبطل التصويت ، إن لم يكن يبطل الإنتخابات ككل .

كما يجب على قائدي السيارات أن يكشفوا وجوههم لمسئولي المرور عند الطلب . وإذا كانت القوانين تلزم قائد السيارة بكشف وجهه أثناء القيادة فيجب على الإنسان أن يلتزم بذلك .

أما عن البعض الذين يتحدثون عن فرضية النقاب , فأدعوهم إلي تدبر قول الله تعالى : " يَا أَيُّهَا النَّبِيُّ قُلْ لِأَزْوَاجِكَ وَبَنَاتِكَ وَنِسَاءِ الْمُؤْمِنِينَ يُدْنِينَ عَلَيْهِنَّ مِنْ جَلَابِيبِهِنَّ ذَلِكَ أَدْنَى أَنْ يُعْرَفْنَ فَلَا يُؤْذَيْنَ وَكَانَ اللَّهُ غَفُورًا رَحِيمًا " (الأحزاب 59) .

وهنا أدعوهم إلى أن يقفوا عند أمر الله للنبي " قل " , أي أن تفسير هذه الآية يكون بأقوال صريحة من رسول الله .

فهل لديكم من أقوال رسول الله ما يؤيد فرضية النقاب ؟! للأسف ليس عندكم شيء إلا فهم بعض الصحابيات لهذه الآية , وسكوت الرسول عن النهي عن هذا الفعل , وهو ما يسمونه عندهم سُنة تقريرية .

أما عن حديث رسول الله في هذه المسألة فيتمثل في قوله صلى الله عليه وسلم لأسماء بنت أبي بكر " (يا اسماء ان المرآه اذا

بلغت المحيض لم يصح ان يرى منها الا هذا وهذا) واشار الى وجهه و كفيه " . وكفى بهذا الجدال .

ندعو الله أن يهدينا وإياكم سواء السبيل .

هذا وبالله التوفيق .

محمد عبد الرحيم عبد الرزاق

حجاب النساء ما بين كبائر الذنوب والفوز بالجنة

حث الله نبيه في قرآنه المجيد على أن يأمر نساء المؤمنين بالحجاب فيقول تعالى " يَا أَيُّهَا النَّبِيُّ قُل لِّأَزْوَاجِكَ وَبَنَاتِكَ وَنِسَاءِ الْمُؤْمِنِينَ يُدْنِينَ عَلَيْهِنَّ مِن جَلَابِيبِهِنَّ ۚ ذَٰلِكَ أَدْنَىٰ أَن يُعْرَفْنَ فَلَا يُؤْذَيْنَ ۗ وَكَانَ اللَّهُ غَفُورًا رَّحِيمًا " (الأحزاب 59) .

وهنا حجاب النساء أحد أسباب مغفرة الذنوب عدا الكبائر وكذلك أحد اسباب الرحمة فقد قال تعالى في ذات السياق " وَكَانَ اللَّهُ غَفُورًا رَّحِيمًا " (الأحزاب 59) .

وجاء في الحديث النبوي قوله صلى الله عليه وسلم لأسماء بنت أبي بكر " (يا اسماء ان المرآه اذا بلغت المحيض لم يصح ان يرى منها الا هذا وهذا) واشار الى وجهه و كفيه "

ولم يذكر الله عز وجل عقوبة على تاركة الحجاب لذا فترك الحجاب ليس من الكبائر التي تعذب عليها المرأة في الدنيا أو الأخرة .

وكذلك الإلتزام بالحجاب ليس أحد أسباب الفوز بالجنة أو الإرتقاء في مراتب الجنة ، فللجنة أسباب أخرى ذكرناها بالجزء الثاني من هذا العمل ولا يتسع المقام هنا لذكرها .

أما عن المتشددين الذين يجعلون الحجاب علي رأس التكليفات الشرعية للمرأة المؤمنة فنذكر لهم قول الإمام أحمد الطيب شيخ الأزهر في أحد البرامج " ليس كلُّ أمرٍ أو نهيٍ وَرَدَ في القُرآن الكريم والسُّنَّةِ المطهَّرةِ وَرَدَ على سبيلِ الوجوبِ والحُرمةِ، وهذا ما يهمُّنا بيانُه في هذا المقامِ؛ لأنَّ قدرًا كبيرًا من فَوْضَى الفتاوى المُعاصِرة، غيرِ المتخصِّصةِ علميًّا وأكاديميًّا مرجعُه إلى خلطِ المستحبِّ بالواجبِ، والمكروهِ بالحرامِ، وفي ذلك ما فيه من تَزَيُّدٍ وافتراءٍ على شريعةِ الإسلامِ، وأخطَرُ ما في هذا الأمرِ هو اقتحامُ هذا الفقهِ المُعْوَجِّ لحياتنا الاجتماعية، وبخاصةٍ: الأسريَّة منها، وما نتج عنه من فوضى الزواجِ والطلاق " [برنامج الإمام الطيب: 1442هـ/2021م] .

هذا وكما ذكرنا قبل ، فحجاب النساء أحد أسباب الرحمة والمغفرة ، وتركه إثم لا يرتقي لمرتبة الكبيره ، كما أن الإلتزام به ليس سبباً من أسباب الفوز بالجنة أو الإرتقاء في مراتب الجنة .

محمد عبد الرحيم عبد الرزاق

ندعو الله أن يهدينا وإياكم سواء السبيل .

هذا وبالله التوفيق .

الصلاة وحجاب النساء في القرآن والحديث النبوي

كنا قد كتبنا مقالاً بعنوان حجاب النساء ما بين كبائر الذنوب والفوز بالجنة وتوصلنا لنتيجة أن حجاب النساء أحد أسباب الرحمة ومغفرة الذنوب ، في قوله تعالى " يَا أَيُّهَا النَّبِيُّ قُل لِّأَزْوَاجِكَ وَبَنَاتِكَ وَنِسَاءِ الْمُؤْمِنِينَ يُدْنِينَ عَلَيْهِنَّ مِن جَلَابِيبِهِنَّ ۚ ذَٰلِكَ أَدْنَىٰ أَن يُعْرَفْنَ فَلَا يُؤْذَيْنَ ۗ وَكَانَ اللَّهُ غَفُورًا رَّحِيمًا " (الأحزاب 59) .

والرحمة مرتبطة بالمغفرة في أكثر من موضع بالقرآن الكريم ولا يتسع المقام هنا لذكرها .

ومن أحد أسباب الرحمة ومغفرة الذنوب في القرآن ، إقامة الصلاة ، في الآيات :

" . وَأَقِمِ الصَّلَاةَ طَرَفَيِ النَّهَارِ وَزُلَفًا مِنَ اللَّيْلِ إِنَّ الْحَسَنَاتِ يُذْهِبْنَ السَّيِّئَاتِ ذَلِكَ ذِكْرَى لِلذَّاكِرِينَ " (هود 114) .

. " وَأَقِيمُوا الصَّلَاةَ وَآتُوا الزَّكَاةَ وَأَطِيعُوا الرَّسُولَ لَعَلَّكُمْ تُرْحَمُونَ " (النور 56) .

. " وَالْمُؤْمِنُونَ وَالْمُؤْمِنَاتُ بَعْضُهُمْ أَوْلِيَاءُ بَعْضٍ يَأْمُرُونَ بِالْمَعْرُوفِ وَيَنْهَوْنَ عَنِ الْمُنْكَرِ وَيُقِيمُونَ الصَّلَاةَ وَيُؤْتُونَ الزَّكَاةَ وَيُطِيعُونَ اللَّهَ وَرَسُولَهُ أُولَئِكَ سَيَرْحَمُهُمُ اللَّهُ إِنَّ اللَّهَ عَزِيزٌ حَكِيمٌ " (التوبة 71) .

. " رَبِّ اجْعَلْنِي مُقِيمَ الصَّلَاةِ وَمِنْ ذُرِّيَّتِي رَبَّنَا وَتَقَبَّلْ دُعَاءِ * رَبَّنَا اغْفِرْ لِي وَلِوَالِدَيَّ وَلِلْمُؤْمِنِينَ يَوْمَ يَقُومُ الْحِسَابُ " (إبراهيم 40 - 41) .

وعن فضل الصلاة في الحديث النبوي ، عن أَبي هُريرة رضى الله عنه أَنَّ رَسُولِ اللَّهِ ﷺ قَالَ: (الصَّلواتُ الخَمْسُ، والجُمُعةُ إلى الجُمُعَةِ، كفَّارةٌ لِمَا بَيْنهُنَّ، مَا لَمْ تُغش الكَبَائِرُ) رواه مسلم .

لذا فيشترط لقبول صلاة المرأة التي بلغت سن المحيض ستر العورة وإرتداء الحجاب الشرعي .

ففي الحديث النبوي ، قال رسول الله صلى الله عليه وسلم (لا يقْبَلُ اللهُ صَلَاةَ حَائِضٍ إلَّا بخِمارٍ) ، أي: لا تَكونُ الصَّلاةُ مَقبولةً

مِنَ المرأةِ الَّتي بلَغَت سِنَّ الحيضِ وأصبَحَ يَجْري علَيها القلَمُ،"إلَّا بخِمارٍ"، والمراد بالخِمارِ هنا: غِطاءُ الرَّأسِ والعُنقِ [الدرر السنيه] .

وهذا الحديث لهو دليل على أن ترك المرأة للحجاب ليس من الكبائر ، كما ذكرنا من قبل ، ولكنه إثم .

ندعو الله أن يهدينا وإياكم سواء السبيل .

هذا وبالله التوفيق .

محمد عبد الرحيم عبد الرزاق

مدى جواز الخلع الثاني للمرأة

إعتنى الله عز وجل في كتابه العزيز بعقد الزواج ووصفه بالميثاق الغليظ في قوله تعالى "وَأَخَذْنَ مِنْكُمْ مِيثَاقًا غَلِيظًا " (النساء 21) .

ووصف عقد النكاح بالميثاق الغليظ هو عين الوصف الذي وصف الله به الميثاق الذي أخذه من النبيين [1]. قال تعالى "وَإِذْ أَخَذْنَا مِنَ النَّبِيِّينَ مِيثَاقَهُمْ وَمِنكَ وَمِن نُّوحٍ وَإِبْرَاهِيمَ وَمُوسَى وَعِيسَى ابْنِ مَرْيَمَ وَأَخَذْنَا مِنْهُم مِّيثَاقًا غَلِيظًا . لِيَسْأَلَ الصَّادِقِينَ عَن صِدْقِهِمْ وَأَعَدَّ لِلْكَافِرِينَ عَذَابًا أَلِيمًا " (الأحزاب 7- 8) .

إلا أنه في بعض الحالات تستحيل العشرة بين الزوجين فأجاز الله الطلاق من جانب الرجل في قوله تعالى " الطَّلَاقُ مَرَّتَانِ ۖ فَإِمْسَاكٌ بِمَعْرُوفٍ أَوْ تَسْرِيحٌ بِإِحْسَانٍ " (البقرة 229) ، وفي قوله تعالى " وَلِلْمُطَلَّقَاتِ مَتَاعٌ بِالْمَعْرُوفِ ۖ حَقًّا عَلَى الْمُتَّقِينَ " (البقرة 241) .

كما يحق للمرأة أن تطلب من القاضي الطلاق للخلع مع رد مقدم الصداق ، في قوله تعالى " فَإِنْ خِفْتُمْ أَلَّا يُقِيمَا حُدُودَ اللَّهِ فَلَا جُنَاحَ

عَلَيْهِمَا فِيمَا افْتَدَتْ بِهِ ۚ تِلْكَ حُدُودُ اللَّهِ فَلَا تَعْتَدُوهَا " (البقرة 229) . وفي حديث النبي صلى الله عليه وسلم لتميمة بنت وهب حينما بغضت الحياة الزوجية مع زوجها رفاعة حيت قال لها النبي صلى الله عليه وسلم "أتردين عليه حديقته؟"، وقد كان زوجها قد أعطاها حديقة مهرًا لها .

إلا أن البعض يتوقف في قصة هذه المرأة عند هذا الحد ولا يعلم أن ذات المرأة ، تزوجت بعد رفاعة ، الصحابي عبدالرحمن بن الزبير ، وبعد أن عاشرته، ذهبت تميمة إلى السيدة عائشة رضي الله عنها تشتكي من الزوج الجديد وقالت لها إنه يعاملني معاملة سيئة، وأنا اغتريت بمنظره وشكله وجمال صورته ثم أنه يضربني [2].

ولن نشغل القارئ بتفاصيل هذه الرواية وسنضع الرواية كاملة بعد هذا المقال ولكن إختصاراً فالصحابية تميمة بنت وهب رجعت و طلبت من النبي الطلاق للخلع من زوجها الصحابي عبدالرحمن بن الزبير ولكن النبي رفض وقال لها : " أتريدين أن ترجعي إلى رفاعة ويقصد بذلك زوجها السابق، ثم أكمل قائلًا: لا والله أنتِ اشتقت إلى زوجك الأول، فإن كان ذلك لم تحلي له، أو لم تصلحي له، حتى يذوق من عسيلتك" [2].

لذا نستنتج أنه ولمرة واحدة في حياتها للمرأة أن تطلب من القاضي الطلاق للخلع مع رد مقدم الصداق وتكون طلقة واحدة بائنة بينونة كبرى و لا يحق لها الرجوع إلى زوجها السابق حتى تتزوج غيره ويطلقها بإرادته مصداقاً لقوله تعالى " فَإِن طَلَّقَهَا فَلَا تَحِلُّ لَهُ مِن بَعْدُ حَتَّىٰ تَنكِحَ زَوْجًا غَيْرَهُ ۗ فَإِن طَلَّقَهَا فَلَا جُنَاحَ عَلَيْهِمَا أَن يَتَرَاجَعَا إِن ظَنَّا أَن يُقِيمَا حُدُودَ اللَّهِ ۗ وَتِلْكَ حُدُودُ اللَّهِ يُبَيِّنُهَا لِقَوْمٍ يَعْلَمُونَ " (البقرة 230) .

وهنا نوضح أن على كلا الطرفين أن يحسن الإختيار قبل عقد الزواج .

كما نوضح أن للقانون المصري احكام أخرى تختلف عن الوارد بهذا المقال .

ندعو الله أن يهدينا وإياكم سواء السبيل .

حقائق ومعاني من القرآن الكريم (الجزء الثالث)

هذا وبالله التوفيق .

المراجع

1 ـ الميثاق الغليظ : د. بدر عبد الحميد هميسه

https://www.saaid.net/Doat/hamesabadr/145.htm

2 ـ موقع التحقق من صحة الأحاديث

http://hdith.com

حُكم مصافحة الرجال للنساء

للمصافحة باليد فضل في الحديث النبوي فعن حذيفة بن اليمان -رضي الله عنه- عن النبي صلى الله عليه وسلم قال: إن المؤمن إذا لقي المؤمن فسلم عليه، وأخذ بيده فصافحه؛ تناثرت خطاياهما، كما يتناثر ورق الشجر. قال الحافظ المنذري في الترغيب والترهيب: رَوَاهُ الطَّبَرَانِيّ فِي الْأَوْسَط، وَرُوَاته لَا أعلم فيهم مجروحًا. وقال الشيخ الألباني: صحيح لغيره.

وعن أنس -رضي الله عنه- عن النبي صلى الله عليه وسلم قال: ما من عبدين متحابين في الله، يستقبل أحدهما صاحبه فيصافحه، ويصليان على النبي صلى الله عليه وسلم، إلا لم يفترقا حتى تغفر ذنوبهما ما تقدم منها، وما تأخر. رواه أبو يعلى في مسنده، والبيهقي في شعب الإيمان، وضعفه الألباني.

وفي ذلك لم يستثني النبي مصافح الرجال للنساء من فضل المصافحة ، أما عن قوله صلى الله عليه وسلم " إني لا أصافحُ النساءَ " فليس في الحديث أي تكليف لأتباع النبي بعدم مصافحة

النساء وإنما في ذلك خاصية خاصة بالنبي فقط دون باقي المؤمنين.

أما ما رواه الطبراني وغيره عن معقل بن يسار ـ رضي الله عنه ـ قال: سمعت رسول الله صلى الله عليه وسلم يقول: لأن يطعن في رأس أحدكم بمخيط من حديد خير له من أن يمس امرأة لا تحل له . فالمس هنا مقصود به الوطء ، كما في قوله تعالى " أَوْ لامَسْتُمُ النِّسَاءَ " (النساء 43).

لذا فنخلص مما سبق ، بأنه لا حرج على الرجال في مصافحة النساء دون شهوة.

ندعو الله أن يهدينا وإياكم سواء السبيل.

هذا وبالله التوفيق.

الزواج من منظور الشرع والدستور المصري

شرع الله الزواج وجعله آية من آياته ، فيقول تعالى " وَمِنْ ءَايَٰتِهِ أَنْ خَلَقَ لَكُم مِّنْ أَنفُسِكُمْ أَزْوَٰجًا " (الروم 21) .

وجعل الله للزواج شروطاً منها رضا الزوجين ، وخلو الزوجين من موانع النكاح المذكورة في القرآن من نسب أو رضاع أو مصاهرة ، في قوله تعالى " حُرِّمَتْ عَلَيْكُمْ أُمَّهَاتُكُمْ وَبَنَاتُكُمْ وَأَخَوَاتُكُمْ وَعَمَّاتُكُمْ وَخَالَاتُكُمْ وَبَنَاتُ الْأَخِ وَبَنَاتُ الْأُخْتِ وَأُمَّهَاتُكُمُ اللَّاتِي أَرْضَعْنَكُمْ وَأَخَوَاتُكُم مِّنَ الرَّضَاعَةِ وَأُمَّهَاتُ نِسَائِكُمْ وَرَبَائِبُكُمُ اللَّاتِي فِي حُجُورِكُم مِّن نِّسَائِكُمُ اللَّاتِي دَخَلْتُم بِهِنَّ فَإِن لَّمْ تَكُونُوا دَخَلْتُم بِهِنَّ فَلَا جُنَاحَ عَلَيْكُمْ وَحَلَائِلُ أَبْنَائِكُمُ الَّذِينَ مِنْ أَصْلَابِكُمْ وَأَن تَجْمَعُوا بَيْنَ الْأُخْتَيْنِ إِلَّا مَا قَدْ سَلَفَ إِنَّ اللَّهَ كَانَ غَفُورًا رَّحِيمًا "(النساء 23) .

ومن شروط الزواج إذن أهل بيت المرأة ، لقوله تعالى "فَانكِحُوهُنَّ بِإِذْنِ أَهْلِهِنَّ " (النساء 25) . وأهل بيت المرأة يشمل كل من له حق دخول البيت دون إستئذان .

ويشمل الأهل الولي ، والولي هو المسئول عن المرأة في بيتها كالأب أو الجد أو الأخ أو العم أو الخال أو الأقرب لها .

ويشمل الولي ما ملك مفاتح بيت المرأة لقوله تعالى "أَوْ مَا مَلَكْتُم مَّفَاتِحَهُ " (النور 61) .

كذلك من شروط الزواج وجود شاهدي عدل ، فعَنْ أم المؤمنين عَائِشَةَ -رضى الله عنها- أَنَّ رَسُولَ اللَّهِ -صَلَّى اللَّهُ عَلَيْهِ وَسَلَّمَ- قَالَ: ((لَا نِكَاحَ إِلَّا بِوَلِيٍّ وَشَاهِدَيْ عَدْلٍ)).

ومن شروط الزواج تعيين المهر أو الصداق المقدم للمرأة آجله وعاجله ، لقوله تعالى " وَآتُوهُنَّ أُجُورَهُنَّ بِالْمَعْرُوفِ " (النساء 25) . وهنا أحال الله عز وجل تنظيم المهور إلى المعروف ، أي إلى الدستور والقوانين في الدول .

لذا فيجوز للدول ومنها مصر أن تفرض الضرائب على المهور ، ولا يعني ذلك أنها يجوز لها أنها تفرض رسم أو ضريبة على عقد الزواج نفسه ، فالزواج وتأسيس الأسرة من الحقوق التي كفلتها الدساتير ومنها الدستور المصري فقد نص الدستور المصري على أن الأسرة أساس المجتمع .

وإن إتجاه البعض إلى عدم إثبات المهور الحقيقية في عقد الزواج الموثق ، لا يعني بطلان عقد الزواج ، ولكنها مخالفة أخرى لا علاقة لها بعقد الزواج .

كذلك لا يجوز عمل كشف طبي للمقبلين على الزواج ، فالمرض ليس عائقاً امام إتمام الزواج ، وقد نص الدستور المصري على أن الصحة حق وأن تلتزم الدولة بإقامة نظام تأمين صحي شامل لجميع المصريين يغطي كل الأمراض .

وبفرض وجود مرض لدى أحد الزوجين يعيق العلاقة الزوجية ، فالاعتراض يكون من أحد طرفي الزواج وليس من السلطات قبل إتمام الزواج .

كان هذا حرصاً على تماسك الأسرة المصرية وعلى الحق في الزواج .

ندعو الله أن يهدينا وإياكم سواء السبيل .

هذا وبالله التوفيق .

محمد عبد الرحيم عبد الرزاق

مدى جواز الإجهاض المتعمد في القرآن

في مقال سابق ذكرنا أن إنجاب الأطفال أحد أسباب الرزق في القرآن ، ويتضح ذلك في الآيات :

" .   قُلْ تَعَالَوْا أَتْلُ مَا حَرَّمَ رَبُّكُمْ عَلَيْكُمْ ۖ أَلَّا تُشْرِكُوا بِهِ شَيْئًا ۖ وَبِالْوَالِدَيْنِ إِحْسَانًا ۖ وَلَا تَقْتُلُوا أَوْلَادَكُم مِّنْ إِمْلَاقٍ ۖ نَّحْنُ نَرْزُقُكُمْ وَإِيَّاهُمْ " (الأنعام 151) .

" .   وَلَا تَقْتُلُوا أَوْلَادَكُمْ خَشْيَةَ إِمْلَاقٍ نَحْنُ نَرْزُقُهُمْ وَإِيَّاكُمْ إِنَّ قَتْلَهُمْ كَانَ خِطْئًا كَبِيرًا " (الإسراء 31) .

" .   قَدْ خَسِرَ الَّذِينَ قَتَلُوا أَوْلَادَهُمْ سَفَهًا بِغَيْرِ عِلْمٍ وَحَرَّمُوا مَا رَزَقَهُمُ اللَّهُ افْتِرَاءً عَلَى اللَّهِ قَدْ ضَلُّوا وَمَا كَانُوا مُهْتَدِينَ " (الأنعام 140).

لذا فالإجهاض المتعمد حرام بنص القرآن سواء كان ذلك قبل نفخ الروح أو بعد نفخ الروح ، والحرمة أشد في حالة نفخ الروح في الجنين ، تصل إلى حد جريمة القتل العمد.

وعلامة نفخ الروح في الجنين ، هو إكتمال حاستي السمع والبصر بالجنين ، في قوله تعالى " إِنَّا خَلَقْنَا الْإِنسَانَ مِن نُّطْفَةٍ أَمْشَاجٍ نَّبْتَلِيهِ فَجَعَلْنَاهُ سَمِيعًا بَصِيرًا " (الإنسان 2) . وقد سبق أن أوضحنا ذلك في مقال عن الموت وعلاقته بالسمع والبصر في القرآن.

والحد الأدنى لمدة الحمل في القرآن ، والله أعلم ، هو ستة أشهر كما نسب لعلي بن أبي طالب رضى الله عنه ، وذلك لقوله تعالى " وَحَمْلُهُ وَفِصَالُهُ ثَلَاثُونَ شَهْرًا " (الأحقاف 15) ، ولقوله تعالى "وَالْوَالِدَاتُ يُرْضِعْنَ أَوْلادَهُنَّ حَوْلَيْنِ كَامِلَيْنِ لِمَنْ أَرَادَ أَن يُتِمَّ الرَّضَاعَةَ " (البقرة 233).

لذا فالإجهاض المتعمد تصل عقوبته إلى عقوبة جريمة القتل العمد وإزهاق الروح في القرآن بعد مرور ستة أشهر من الحمل التي تكتمل فيها حاستي السمع والبصر عند الجنين.

وليس من الإجهاض المتعمد إنزال الجنين الميت الذي لا نبض له داخل الرحم.

ندعو الله أن يهدينا وإياكم سواء السبيل. هذا وبالله التوفيق ,

مدة الحمل في القرآن

ذكرنا من قبل أن الحد الأدنى لمدة الحمل في القرآن ، هو ستة أشهر كما نسب لعلي بن أبي طالب رضى الله عنه ، وذلك لقوله تعالى " وَحَمْلُهُ وَفِصَالُهُ ثَلَاثُونَ شَهْرًا " (الأحقاف 15) ، ولقوله تعالى "وَالْوَالِدَاتُ يُرْضِعْنَ أَوْلادَهُنَّ حَوْلَيْنِ كَامِلَيْنِ لِمَنْ أَرَادَ أَنْ يُتِمَّ الرَّضَاعَةَ " (البقرة 233).

ومن ذات الآيات يمكن إستنتاج أن الحد الأقصى لمدة الحمل هو ثلاثون شهراً ، وليس أكثر من ذلك.

ولا عبرة للآراء الغريبة التي جعلت أقصى مدة للحمل ما بين ثلاث وسبع سنوات.[1]

ندعو الله أن يهدينا وإياكم سواء السبيل.

هذا وبالله التوفيق.

المصادر

1-   https://islamqa.info/ar/answers/140103/

تنظيم الأسرة من منظور الشرع

من الأمور المستحدثة في العصر الحديث ، وسائل منع الحمل ، وقد إختلفت آراء الفقهاء في مدى جوازها ، ووجدنا أنه يجب ان نقول رأينا في هذا العمل في هذة الوسائل.

فقد ذكرنا من قبل أن الإنجاب أحد أسباب الرزق ، في قوله تعالى "وَلَا تَقْتُلُوا أَوْلَادَكُم مِنْ إِمْلَاقٍ نَحْنُ نَرْزُقُكُمْ وَإِيَّاهُمْ " (الأنعام 151) ، ولقوله تعالى " وَلَا تَقْتُلُوا أَوْلَادَكُمْ خَشْيَةَ إِمْلَاقٍ نَحْنُ نَرْزُقُهُمْ وَإِيَّاكُمْ إِنَّ قَتْلَهُمْ كَانَ خِطْئًا كَبِيرًا " (الإسراء 31) ، ولقوله تعالى " قَدْ خَسِرَ الَّذِينَ قَتَلُوا أَوْلَادَهُمْ سَفَهًا بِغَيْرِ عِلْمٍ وَحَرَّمُوا مَا رَزَقَهُمُ اللَّهُ افْتِرَاءً عَلَى اللَّهِ قَدْ ضَلُّوا وَمَا كَانُوا مُهْتَدِينَ " (الأنعام 140).

ونقول أن منع الحمل ليس قتلاً للأولاد المذكور في القرآن ، وذلك لأن الجنين لم يتشكل بعد.

لذا فأنه يجوز بإتفاق الزوجين إستخدام وسائل منع الحمل ، مع الأخذ في الاعتبار أنه لا يجوز لأحد الزوجين إجبار الطرف

الآخر على إستخدام وسائل منع الحمل . كما لا يجوز لطرف أن يستخدم وسائل منع الحمل دون الأخذ برأي الطرف الآخر.

ويجب مراعاة عدم جواز الإجهاض كما ذكرنا من قبل.

ندعو الله أن يهدينا وإياكم سواء السبيل.

هذا وبالله التوفيق.

مدى جواز المعاملات البنكية في العصر الحديث

في العصر الحديث حثت الدول مواطنيها على الإدخار وصدرت الدساتير المتعاقبة التي تحث على ذلك ، فعلى سبيل المثال نصت وثيقة دستور مصر 2014 في المادة 39 منه ، على أن " الادخار واجب وطني تحميه الدولة وتشجعه، وتضمن المدخرات، وفقاً لما ينظمه القانون. "

وفي تطبيق لهذة المادة الدستورية أنشأت الدولة الشخصيات الإعتبارية ، التي تنوب عنها ، ممثلة في البنوك ومنها البنك المركزي مُصدر العملة المحلية ، وذلك لتسقبل مدخرات الشخصيات الطبيعية من مواطنين وأجانب ، وكذلك الشخصيات الإعتبارية العامة والخاصة بها ، وذلك بالعملة المحلية أو العملة الصعبة.

وفي تطبيق لذات المادة الدستورية قررت الدولة ممثلة في البنك المركزي ، حوافز لتشجيع الشخصيات الطبيعية بها ، وكذلك الشخصيات الإعتبارية العامة والخاصة ، على الإدخار ، ويتمثل ذلك في العائد على الإدخار أو ما يسمى بالفائدة.

هذة الحوافز تضمنها الدولة و القوانين وتعمل بها المحاكم وكما هو معلوم في الفقة ، فإن حكم القاضي يرفع الخلاف ، وحكم القاضي ينفذ ظاهراً وباطناً.

ومن المعلوم أن للأشخاص الإعتبارية العامة والخاصة أحكام تختلف عن أحكام الأشخاص الطبيعية ، وبذلك تعمل قوانين الدول والمحاكم .

أما لما يصفه البعض بأن هذة الحوافز من قبيل الربا ، أو أنها قرض جر نفع ، فنقول أن الربا أو القرض الذي يجر نفع يكون بين شخص طبيعي وشخص طبيعي آخر ، وبذلك تعمل المحاكم والقضاء.

وهذا يختلف عن ما يتم مع البنوك التي لها الشخصية الإعتبارية ، التي يضمنها البنك المركزي بالدولة ، الذي يتدخل لضمان حقوق المودعين . وللأشخاص الإعتبارية العامة والخاصة في علاقتها مع الأشخاص الطبيعية أحكام تختلف عن العلاقات بين الأشخاص الطبيعية.

لذا فأي معاملة بالبنوك تقرها البنوك المركزية بالدول وتضمن نتائجها ، وتقرها القوانين والمحاكم ، هي جائزة إن شاء الله ولا حرج في التعامل مع البنوك في عصرنا الحديث.

ندعو الله أن يهدينا وإياكم سواء السبيل.

هذا وبالله التوفيق.

محمد عبد الرحيم عبد الرزاق

مدى جواز التأمين في العصر الحديث

من المعاملات المستحدثة في العصر الحديث ، التأمين ،
بأنواعه سواء تأمين على حياة الأفراد أو على صحتهم أو تأمين
على المنشآت أو السيارات ضد المخاطر المختلفة.

و«التَّأْمِيْنُ» لُغةً من «أَمَّنَ»، والأمن ضدَّ الخوف، وهو يعني:
سُكونُ القلب واطمئنانه وثقته. قيل: «وَأَصْلُ الأَمْنِ طَمَأْنِيْنَةُ النَّفْسِ
وَزَوَالُ الخَوْفِ، وَالأَمْنُ وَالأَمَانَةُ وَالأَمَانُ فِي الأَصْلِ مَصَادِر،
وَيُجْعَلُ الأَمَانُ تَارَةً اسْمًا لِلْحَالَةِ الَتِي يَكُونُ عَلَيْهَا الإِنْسَانُ فِي
الأَمْنِ، وَتَارَةً اسْمًا لِمَا يُؤَمَّنُ عَلَيْهِ الإِنْسَانُ». وهو يُجمعُ على
تَأْمِينَات . [ويكيبيديا]

والتأمين أو نِظَامُ التأمين أو الضَّمَان هو وسيلةٌ لِمُواجهة المخاطر
التي يتعرَّض لها الإنسان في كيانه أو أمواله أثناء فترة حياته في
سبيل التخفيف من وطأتها . [ويكيبيديا]

وقد نظمت الدساتير والقوانين الحديثة عملية التأمين بمختلف
أنواعه وعهدت إلى الأشخاص الإعتبارية العامة والخاصة تقديم

خدمة التأمين لكل من الأشخاص الطبيعية والأشخاص الإعتبارية العامة والخاصة.

وفي مصر تشرف الهيئة العامة للرقابة المالية على الأشخاص الإعتبارية العامة والخاصة التي تقدم خدمات التأمين بمختلف أنواعه ، وفقاً للمادة 221 من الدستور المصري.

وكما قلنا في مقالات سابقة أن للأشخاص الإعتبارية العامة والخاصة أحكام خاصة في القانون تختلف عن أحكام الشخصيات الطبيعية ، وتعمل بذلك المحاكم.

لذا فإذا كانت الدولة تضمن معاملة التأمين ، والناتج عنها ، فإن هذة المعاملة جائزة ، وكما قلنا من قبل فإن حكم القاضي يرفع الخلاف في الفقة.

وكما هو معمول به في القانون والمحاكم فإن المستحقات التأمينية لا تعامل معاملة التركة التي يتركها الإنسان عند وفاته . ويجوز توزيع المستحقات التأمينية للورثة ولغير الورثة وبأنصبة قد تختلف عن ما ورد في الوصايا الإلهية في القرآن الكريم لتوزيع التركة ، وذلك كله وفقاً للقانون المنظم لذلك في الدولة والتي تعمل بها المحاكم.

محمد عبد الرحيم عبد الرزاق

ندعو الله أن يهدينا وإياكم سواء السبيل.

هذا وبالله التوفيق.

حكم منع الضرائب في العصر الحديث

لقد حث الله عز وجل المؤمنين على الإنفاق في سبيل الله ، فيقول تعالى " الَّذِينَ يُنْفِقُونَ أَمْوَالَهُمْ فِي سَبِيلِ اللَّهِ ثُمَّ لَا يُتْبِعُونَ مَا أَنْفَقُوا مَنًّا وَلَا أَذًى لَهُمْ أَجْرُهُمْ عِنْدَ رَبِّهِمْ وَلَا خَوْفٌ عَلَيْهِمْ وَلَا هُمْ يَحْزَنُونَ " (البقرة 262).

وجعل الله عز وجل ، مصرف " في سبيل الله " ، أحد مصارف الزكاة و الصدقات ، فيقول تعالى " إِنَّمَا الصَّدَقَاتُ لِلْفُقَرَاءِ وَالْمَسَاكِينِ وَالْعَامِلِينَ عَلَيْهَا وَالْمُؤَلَّفَةِ قُلُوبُهُمْ وَفِي الرِّقَابِ وَالْغَارِمِينَ وَفِي سَبِيلِ اللَّهِ وَابْنِ السَّبِيلِ ۖ فَرِيضَةً مِّنَ اللَّهِ ۗ وَاللَّهُ عَلِيمٌ حَكِيمٌ " (التوبة 60).

وقد اتفق العلماء قديماً وحديثاً على أن تجهيز الجيش هو أحد مشمولات مصرف في سبيل الله من مصارف الزكاة والصدقات .

وفي العصر الحديث ، يُنفق على الجيش الوطني من أموال الضرائب المستحدثة ، جنباً إلى جنب مع الإنفاق على المرافق العامة من صحة وتعليم وطرق وغيرها.

وقد اتفق العلماء قديماً وحديثاً على أن منع الزكاة من الكبائر ، فيقول تعالى " وَالَّذِينَ يَكْنِزُونَ الذَّهَبَ وَالْفِضَّةَ وَلَا يُنْفِقُونَهَا فِي سَبِيلِ اللَّهِ فَبَشِّرْهُمْ بِعَذَابٍ أَلِيمٍ " (التوبة 34)

لذا فإذا كانت أموال الضرائب المستحدثة في العصر الحديث تُنفق في سبيل الله على الجيش الوطني وعلى المرافق العامة ، فإن حكم منع الضرائب هو كحكم منع الزكاة ، وهو من الكبائر.

كما يجوز لدافعي الضرائب من الشخصيات الطبيعية خصم مبلغ الضرائب المفروضة عليهم كضرائب الدخل من مبلغ الزكاة المفروضة قديماً ، وذلك عملاً بأن أموال الضرائب تنفق في سبيل الله ومنها الإنفاق على الجيش الوطني.

ندعو الله أن يهدينا وإياكم سواء السبيل.

هذا وبالله التوفيق

معاني الحب في القرآن

نبدأ في هذا المقال ، بإذن الله ، سلسلة مقالات عن الحب في القرآن ، ونبدأها بمقال عن معاني الحب في القرآن .

وكما تعودنا فإننا نبين معنى المصطلح في القرآن ، بضده ، وذلك كما يقول الشاعر " بضدها تتبين الأشياء " .

فضد الحب في القرآن " الكراهية " ، كما في الآيات :

" كُتِبَ عَلَيْكُمُ الْقِتَالُ وَهُوَ كُرْهٌ لَكُمْ وَعَسَى أَنْ تَكْرَهُوا شَيْئًا وَهُوَ خَيْرٌ لَكُمْ وَعَسَى أَنْ تُحِبُّوا شَيْئًا وَهُوَ شَرٌّ لَكُمْ وَاللَّهُ يَعْلَمُ وَأَنْتُمْ لَا تَعْلَمُونَ " (البقرة 216) .

" وَلَكِنَّ اللَّهَ حَبَّبَ إِلَيْكُمُ الْإِيمَانَ وَزَيَّنَهُ فِي قُلُوبِكُمْ وَكَرَّهَ إِلَيْكُمُ الْكُفْرَ وَالْفُسُوقَ وَالْعِصْيَانَ أُولَئِكَ هُمُ الرَّاشِدُونَ " (الحجرات 7)

" أَيُحِبُّ أَحَدُكُمْ أَنْ يَأْكُلَ لَحْمَ أَخِيهِ مَيْتًا فَكَرِهْتُمُوهُ وَاتَّقُوا اللَّهَ إِنَّ اللَّهَ تَوَّابٌ رَحِيمٌ " (الحجرات 12) .

وضد الحب في القرآن " الوذر " كما في الآيات :

. كَلَّا بَلْ تُحِبُّونَ الْعَاجِلَةَ * وَتَذَرُونَ الْأَخِرَةَ " (القيامة 20 – 21)

. " إِنَّ هَؤُلَاءِ يُحِبُّونَ الْعَاجِلَةَ وَيَذَرُونَ وَرَاءَهُمْ يَوْمًا ثَقِيلًا" (الإنسان 27) .

هذا وقد يكون للحب معاني أخرى في القرآن لم نجمعها في هذا المقال.

ونواصل في مقالات أخرى حديثنا عن الحب في القرآن .

ندعو الله أن يهدينا وإياكم سواء السبيل .

هذا وبالله التوفيق .

أسباب محبة الله في القرآن

نواصل في هذا المقال ، حديثنا عن الحب في القرآن ، وفي هذا المقال نتحدث عن أسباب محبة الله في القرآن .

فمن أسباب محبة الله في القرآن ، الإنفاق والإحسان ، كما في الآيات :

- " وَأَنْفِقُوا فِي سَبِيلِ اللَّهِ وَلَا تُلْقُوا بِأَيْدِيكُمْ إِلَى التَّهْلُكَةِ وَأَحْسِنُوا إِنَّ اللَّهَ يُحِبُّ الْمُحْسِنِينَ " (البقرة 195) .

- " الَّذِينَ يُنْفِقُونَ فِي السَّرَّاءِ وَالضَّرَّاءِ وَالْكَاظِمِينَ الْغَيْظَ وَالْعَافِينَ عَنِ النَّاسِ وَاللَّهُ يُحِبُّ الْمُحْسِنِينَ " (آل عمران 134) .

ومن أسباب محبة الله في القرآن ، تقوى الله ، كما في الآيات :

- " بَلَى مَنْ أَوْفَى بِعَهْدِهِ وَاتَّقَى فَإِنَّ اللَّهَ يُحِبُّ الْمُتَّقِينَ " (آل عمران 76) .

- " كَيْفَ يَكُونُ لِلْمُشْرِكِينَ عَهْدٌ عِنْدَ اللَّهِ وَعِنْدَ رَسُولِهِ إِلَّا الَّذِينَ عَاهَدْتُمْ عِنْدَ الْمَسْجِدِ الْحَرَامِ فَمَا اسْتَقَامُوا لَكُمْ فَاسْتَقِيمُوا لَهُمْ إِنَّ اللَّهَ يُحِبُّ الْمُتَّقِينَ " (التوبة 7) .

وقد كتبنا من قبل عدة مقالات عن التقوى .

ومن أسباب محبة الله في القرآن ، التوبة والتطهر ، كما في الآيات :

. "وَيَسْأَلُونَكَ عَنِ الْمَحِيضِ قُلْ هُوَ أَذًى فَاعْتَزِلُوا النِّسَاءَ فِي الْمَحِيضِ وَلَا تَقْرَبُوهُنَّ حَتَّى يَطْهُرْنَ فَإِذَا تَطَهَّرْنَ فَأْتُوهُنَّ مِنْ حَيْثُ أَمَرَكُمُ اللَّهُ إِنَّ اللَّهَ يُحِبُّ التَّوَّابِينَ وَيُحِبُّ الْمُتَطَهِّرِينَ " (البقرة 222) .

. " لَا تَقُمْ فِيهِ أَبَدًا لَمَسْجِدٌ أُسِّسَ عَلَى التَّقْوَى مِنْ أَوَّلِ يَوْمٍ أَحَقُّ أَنْ تَقُومَ فِيهِ فِيهِ رِجَالٌ يُحِبُّونَ أَنْ يَتَطَهَّرُوا وَاللَّهُ يُحِبُّ الْمُطَّهِّرِينَ " (التوبة 108) .

ومن أسباب محبة الله في القرآن ، الإقساط ، كما في الآيات :

. " وَإِنْ حَكَمْتَ فَاحْكُمْ بَيْنَهُمْ بِالْقِسْطِ إِنَّ اللَّهَ يُحِبُّ الْمُقْسِطِينَ " (المائدة 42) .

. " وَإِنْ طَائِفَتَانِ مِنَ الْمُؤْمِنِينَ اقْتَتَلُوا فَأَصْلِحُوا بَيْنَهُمَا فَإِنْ بَغَتْ إِحْدَاهُمَا عَلَى الْأُخْرَى فَقَاتِلُوا الَّتِي تَبْغِي حَتَّى تَفِيءَ إِلَى أَمْرِ اللَّهِ

فَإِنْ فَاءَتْ فَأَصْلِحُوا بَيْنَهُمَا بِالْعَدْلِ وَأَقْسِطُوا إِنَّ اللَّهَ يُحِبُّ الْمُقْسِطِينَ " (الحجرات 9) .

ومن أسباب محبة الله في القرآن ، الصبر ، كما في قوله تعالى " وَكَأَيِّنْ مِنْ نَبِيٍّ قَاتَلَ مَعَهُ رِبِّيُّونَ كَثِيرٌ فَمَا وَهَنُوا لِمَا أَصَابَهُمْ فِي سَبِيلِ اللَّهِ وَمَا ضَعُفُوا وَمَا اسْتَكَانُوا وَاللَّهُ يُحِبُّ الصَّابِرِينَ " (آل عمران 146) .

ومن أسباب محبة الله في القرآن ، التوكل على الله ، كما في قوله تعالى " فَإِذَا عَزَمْتَ فَتَوَكَّلْ عَلَى اللَّهِ إِنَّ اللَّهَ يُحِبُّ الْمُتَوَكِّلِينَ " (آل عمران 159) .

ومن أسباب محبة الله في القرآن ، القتال في سبيل الله ، كما في قوله تعالى " إِنَّ اللَّهَ يُحِبُّ الَّذِينَ يُقَاتِلُونَ فِي سَبِيلِهِ صَفًّا كَأَنَّهُمْ بُنْيَانٌ مَرْصُوصٌ " (الصف 4).

هذا ونكتفي بهذا القدر من الحديث عن أسباب محبة الله في القرآن .

ندعو الله أن يهدينا وإياكم سواء السبيل .

هذا وبالله التوفيق .

محمد عبد الرحيم عبد الرزاق

أسباب عدم محبة الله في القرآن

نواصل في هذا المقال ، حديثنا عن المحبة في القرآن ، وكما تحدثنا عن أسباب محبة الله في القرآن ، نتحدث هنا عن أسباب عدم محبة الله في القرآن .

فمن أسباب عدم محبة الله ، الإعتداء ، كما في الآيات :

. " وَقَاتِلُوا فِي سَبِيلِ اللَّهِ الَّذِينَ يُقَاتِلُونَكُمْ وَلَا تَعْتَدُوا إِنَّ اللَّهَ لَا يُحِبُّ الْمُعْتَدِينَ " (البقرة 190) .

. "يَا أَيُّهَا الَّذِينَ آمَنُوا لَا تُحَرِّمُوا طَيِّبَاتِ مَا أَحَلَّ اللَّهُ لَكُمْ وَلَا تَعْتَدُوا إِنَّ اللَّهَ لَا يُحِبُّ الْمُعْتَدِينَ (المائدة 87) .

. " ادْعُوا رَبَّكُمْ تَضَرُّعًا وَخُفْيَةً إِنَّهُ لَا يُحِبُّ الْمُعْتَدِينَ " (الأعراف 55) .

ومن أسباب عدم محبة الله ، الإفساد والفساد في الأرض و إهلاك الحرث والنسل ، كما في الآيات :

. " وَإِذَا تَوَلَّى سَعَى فِي الْأَرْضِ لِيُفْسِدَ فِيهَا وَيُهْلِكَ الْحَرْثَ وَالنَّسْلَ وَاللَّهُ لَا يُحِبُّ الْفَسَادَ " (البقرة 205) .

. " كُلَّمَا أَوْقَدُوا نَارًا لِلْحَرْبِ أَطْفَأَهَا اللَّهُ وَيَسْعَوْنَ فِي الْأَرْضِ فَسَادًا وَاللَّهُ لَا يُحِبُّ الْمُفْسِدِينَ " (المائدة 64) .

. " وَأَحْسِنْ كَمَا أَحْسَنَ اللَّهُ إِلَيْكَ وَلَا تَبْغِ الْفَسَادَ فِي الْأَرْضِ إِنَّ اللَّهَ لَا يُحِبُّ الْمُفْسِدِينَ " (القصص 77) .

ومن الأسباب أيضا ، أكل الربا ، كما في قوله تعالى " يَمْحَقُ اللَّهُ الرِّبَا وَيُرْبِي الصَّدَقَاتِ وَاللَّهُ لَا يُحِبُّ كُلَّ كَفَّارٍ أَثِيمٍ" (البقرة 276) .

ومن الأسباب أيضا ، الظلم ، كما في الآيات :

. " فَأَمَّا الَّذِينَ كَفَرُوا فَأُعَذِّبُهُمْ عَذَابًا شَدِيدًا فِي الدُّنْيَا وَالْأَخِرَةِ وَمَا لَهُمْ مِنْ نَاصِرِينَ * وَأَمَّا الَّذِينَ آمَنُوا وَعَمِلُوا الصَّالِحَاتِ فَيُوَفِّيهِمْ أُجُورَهُمْ وَاللَّهُ لَا يُحِبُّ الظَّالِمِينَ " (آل عمران 56 - 57) .

. " إِنْ يَمْسَسْكُمْ قَرْحٌ فَقَدْ مَسَّ الْقَوْمَ قَرْحٌ مِثْلُهُ وَتِلْكَ الْأَيَّامُ نُدَاوِلُهَا بَيْنَ النَّاسِ وَلِيَعْلَمَ اللَّهُ الَّذِينَ آمَنُوا وَيَتَّخِذَ مِنْكُمْ شُهَدَاءَ وَاللَّهُ لَا يُحِبُّ الظَّالِمِينَ " (آل عمران 140) .

. " وَجَزَاءُ سَيِّئَةٍ سَيِّئَةٌ مِثْلُهَا فَمَنْ عَفَا وَأَصْلَحَ فَأَجْرُهُ عَلَى اللَّهِ إِنَّهُ لَا يُحِبُّ الظَّالِمِينَ " (الشورى 40) .

ومن الأسباب أيضاً ، الجهر بالسوء ، كما في قوله تعالى " لَا يُحِبُّ اللَّهُ الْجَهْرَ بِالسُّوءِ مِنَ الْقَوْلِ إِلَّا مَنْ ظُلِمَ وَكَانَ اللَّهُ سَمِيعًا عَلِيمًا " (النساء 148) . والجهر بالسوء هو أن يدعو أحد على أحد بأمر سيئ .

ومن الأسباب أيضاً ، الإختيال والفخر ، كما في الآيات :

. "وَاعْبُدُوا اللَّهَ وَلَا تُشْرِكُوا بِهِ شَيْئًا وَبِالْوَالِدَيْنِ إِحْسَانًا وَبِذِي الْقُرْبَى وَالْيَتَامَى وَالْمَسَاكِينِ وَالْجَارِ ذِي الْقُرْبَى وَالْجَارِ الْجُنُبِ وَالصَّاحِبِ بِالْجَنْبِ وَابْنِ السَّبِيلِ وَمَا مَلَكَتْ أَيْمَانُكُمْ إِنَّ اللَّهَ لَا يُحِبُّ مَنْ كَانَ مُخْتَالًا فَخُورًا " (النساء 36) .

" لِكَيْ لَا تَأْسَوْا عَلَى مَا فَاتَكُمْ وَلَا تَفْرَحُوا بِمَا آتَاكُمْ وَاللَّهُ لَا يُحِبُّ كُلَّ مُخْتَالٍ فَخُورٍ " (الحديد 23) .

ومن الأسباب أيضاً ، خيانة النفس ، كما في الآيات :

. " وَلَا تُجَادِلْ عَنِ الَّذِينَ يَخْتَانُونَ أَنْفُسَهُمْ إِنَّ اللَّهَ لَا يُحِبُّ مَنْ كَانَ خَوَّانًا أَثِيمًا " (النساء 107) .

. " وَإِمَّا تَخَافَنَّ مِنْ قَوْمٍ خِيَانَةً فَانْبِذْ إِلَيْهِمْ عَلَى سَوَاءٍ إِنَّ اللَّهَ لَا يُحِبُّ الْخَائِنِينَ (الأنفال 58) .

. " إِنَّ اللَّهَ يُدَافِعُ عَنِ الَّذِينَ آمَنُوا إِنَّ اللَّهَ لَا يُحِبُّ كُلَّ خَوَّانٍ كَفُورٍ " (الحج 38) .

ومن الأسباب أيضاً ، الإسراف في الإنفاق وفي الزينة وفي الأكل والشرب ، كما في الآيات :

. "وَآتُوا حَقَّهُ يَوْمَ حَصَادِهِ وَلَا تُسْرِفُوا إِنَّهُ لَا يُحِبُّ الْمُسْرِفِينَ " (الأنعام 141) .

. " يَا بَنِي آدَمَ خُذُوا زِينَتَكُمْ عِنْدَ كُلِّ مَسْجِدٍ وَكُلُوا وَاشْرَبُوا وَلَا تُسْرِفُوا إِنَّهُ لَا يُحِبُّ الْمُسْرِفِينَ " (الأعراف 31) .

ومن الأسباب أيضاً ، الاستكبار ، كما في قوله تعالى " لَا جَرَمَ أَنَّ اللَّهَ يَعْلَمُ مَا يُسِرُّونَ وَمَا يُعْلِنُونَ إِنَّهُ لَا يُحِبُّ الْمُسْتَكْبِرِينَ " (النحل 23) .

ومن الأسباب أيضاً ، الكفر ، كما في قوله تعالى " مَنْ كَفَرَ فَعَلَيْهِ كُفْرُهُ وَمَنْ عَمِلَ صَالِحًا فَلِأَنْفُسِهِمْ يَمْهَدُونَ * لِيَجْزِيَ الَّذِينَ آمَنُوا وَعَمِلُوا الصَّالِحَاتِ مِنْ فَضْلِهِ إِنَّهُ لَا يُحِبُّ الْكَافِرِينَ " (الروم 44 - 45) . والكفر هنا كما وضحنا من قبل هو ضد العمل الصالح .

هذا ونكتفي بهذا القدر من الحديث عن أسباب عدم محبة الله في القرآن ، ومازال للحديث عن الحب في القرآن بقية .

ندعو الله أن يهدينا وإياكم سواء السبيل .

هذا وبالله التوفيق .

الحب المرغوب في القرآن

نواصل في هذا المقال ، حديثنا عن المحبة في القرآن ، وكما تحدثنا عن أسباب محبة الله في القرآن ، وعن أسباب عدم محبة الله في القرآن . نتحدث هنا في هذا المقال عن الحب المرغوب في القرآن .

فالحب في القرآن قد يكون مرغوباً وقد يكون منبوذاً .

وعلى رأس الحب المرغوب في القرآن ، حب الله ورسوله ، كما في الآيات :

. " قُلْ إِنْ كُنْتُمْ تُحِبُّونَ اللَّهَ فَاتَّبِعُونِي يُحْبِبْكُمُ اللَّهُ وَيَغْفِرْ لَكُمْ ذُنُوبَكُمْ وَاللَّهُ غَفُورٌ رَحِيمٌ * قُلْ أَطِيعُوا اللَّهَ وَالرَّسُولَ فَإِنْ تَوَلَّوْا فَإِنَّ اللَّهَ لَا يُحِبُّ الْكَافِرِينَ " (آل عمران 31 - 32) .

. " قُلْ إِنْ كَانَ آبَاؤُكُمْ وَأَبْنَاؤُكُمْ وَإِخْوَانُكُمْ وَأَزْوَاجُكُمْ وَعَشِيرَتُكُمْ وَأَمْوَالٌ اقْتَرَفْتُمُوهَا وَتِجَارَةٌ تَخْشَوْنَ كَسَادَهَا وَمَسَاكِنُ تَرْضَوْنَهَا أَحَبَّ إِلَيْكُمْ مِنَ اللَّهِ وَرَسُولِهِ وَجِهَادٍ فِي سَبِيلِهِ فَتَرَبَّصُوا حَتَّى يَأْتِيَ اللَّهُ بِأَمْرِهِ وَاللَّهُ لَا يَهْدِي الْقَوْمَ الْفَاسِقِينَ " (التوبة 24) .

ومن الحب المرغوب في القرآن ، حب الدين والجهاد في سبيل الله ، كما في قوله تعالى " يَا أَيُّهَا الَّذِينَ آمَنُوا مَنْ يَرْتَدَّ مِنْكُمْ عَنْ دِينِهِ فَسَوْفَ يَأْتِي اللَّهُ بِقَوْمٍ يُحِبُّهُمْ وَيُحِبُّونَهُ أَذِلَّةٍ عَلَى الْمُؤْمِنِينَ أَعِزَّةٍ عَلَى الْكَافِرِينَ يُجَاهِدُونَ فِي سَبِيلِ اللَّهِ وَلَا يَخَافُونَ لَوْمَةَ لَائِمٍ ذَلِكَ فَضْلُ اللَّهِ يُؤْتِيهِ مَنْ يَشَاءُ وَاللَّهُ وَاسِعٌ عَلِيمٌ " (المائدة 54) .

ومن الحب المرغوب في القرآن ، حب المغفرة وحب الجنة وحب النصر من عند الله، كما في الآيات :

" يَغْفِرْ لَكُمْ ذُنُوبَكُمْ وَيُدْخِلْكُمْ جَنَّاتٍ تَجْرِي مِنْ تَحْتِهَا الْأَنْهَارُ وَمَسَاكِنَ طَيِّبَةً فِي جَنَّاتِ عَدْنٍ ذَلِكَ الْفَوْزُ الْعَظِيمُ * وَأُخْرَى تُحِبُّونَهَا نَصْرٌ مِنَ اللَّهِ وَفَتْحٌ قَرِيبٌ وَبَشِّرِ الْمُؤْمِنِينَ " (الصف 12 - 13) .

" أَلَا تُحِبُّونَ أَنْ يَغْفِرَ اللَّهُ لَكُمْ وَاللَّهُ غَفُورٌ رَحِيمٌ " (النور 22)* .

ومن الحب المرغوب في القرآن ، حب المهاجرين ، كما في قوله تعالى " وَالَّذِينَ تَبَوَّءُوا الدَّارَ وَالْإِيمَانَ مِنْ قَبْلِهِمْ يُحِبُّونَ مَنْ هَاجَرَ إِلَيْهِمْ وَلَا يَجِدُونَ فِي صُدُورِهِمْ حَاجَةً مِمَّا أُوتُوا وَيُؤْثِرُونَ عَلَى أَنْفُسِهِمْ وَلَوْ كَانَ بِهِمْ خَصَاصَةٌ وَمَنْ يُوقَ شُحَّ نَفْسِهِ فَأُولَئِكَ هُمُ الْمُفْلِحُونَ " (الحشر 9) .

ومن الحب المرغوب في القرآن ، حب الشهوات من النساء والبنين وغيرها من الشهوات ، كما في قوله تعالى " زُيِّنَ لِلنَّاسِ حُبُّ الشَّهَوَاتِ مِنَ النِّسَاءِ وَالْبَنِينَ وَالْقَنَاطِيرِ الْمُقَنْطَرَةِ مِنَ الذَّهَبِ وَالْفِضَّةِ وَالْخَيْلِ الْمُسَوَّمَةِ وَالْأَنْعَامِ وَالْحَرْثِ ذَلِكَ مَتَاعُ الْحَيَاةِ الدُّنْيَا وَاللَّهُ عِنْدَهُ حُسْنُ الْمَآبِ * قُلْ أَؤُنَبِّئُكُمْ بِخَيْرٍ مِنْ ذَلِكُمْ لِلَّذِينَ اتَّقَوْا عِنْدَ رَبِّهِمْ جَنَّاتٌ تَجْرِي مِنْ تَحْتِهَا الْأَنْهَارُ خَالِدِينَ فِيهَا وَأَزْوَاجٌ مُطَهَّرَةٌ وَرِضْوَانٌ مِنَ اللَّهِ وَاللَّهُ بَصِيرٌ بِالْعِبَادِ " (آل عمران 14 - 15) .

ومن الحب المرغوب في القرآن ، حب إنفاق المال ، كما في الآيات :

. " وَآتَى الْمَالَ عَلَى حُبِّهِ ذَوِي الْقُرْبَى وَالْيَتَامَى وَالْمَسَاكِينَ وَابْنَ السَّبِيلِ وَالسَّائِلِينَ وَفِي الرِّقَابِ " (البقرة 177) .

. " لَنْ تَنَالُوا الْبِرَّ حَتَّى تُنْفِقُوا مِمَّا تُحِبُّونَ وَمَا تُنْفِقُوا مِنْ شَيْءٍ فَإِنَّ اللَّهَ بِهِ عَلِيمٌ " (آل عمران 92) .

ومن الحب المرغوب في القرآن ، حب الطعام وحب إطعام المساكين واليتامى والأسرى ، كما في قوله تعالى " وَيُطْعِمُونَ الطَّعَامَ عَلَى حُبِّهِ مِسْكِينًا وَيَتِيمًا وَأَسِيرًا " (الإنسان 8) .

هذا ونكتفي بهذا القدر من الحب المرغوب في القرآن ، ونُتبع هذا المقال ، بمقال آخر عن الحب المنبوذ في القرآن .

ندعو الله أن يهدينا وإياكم سواء السبيل .

هذا وبالله التوفيق .

الحب المنبوذ في القرآن

كما كتبنا مقالاً عن الحب المرغوب في القرآن ، نكتب هنا مقالاً عن الحب المنبوذ في القرآن . فكما أن الحب قد يكون مرغوباً ، قد يكون في بعض الأحيان منبوذاً.

فمن الحب المنبوذ في القرآن ، حب الكفر على الإيمان ، كما في قوله تعالى " يَا أَيُّهَا الَّذِينَ آمَنُوا لَا تَتَّخِذُوا آبَاءَكُمْ وَإِخْوَانَكُمْ أَوْلِيَاءَ إِنِ اسْتَحَبُّوا الْكُفْرَ عَلَى الْإِيمَانِ وَمَنْ يَتَوَلَّهُمْ مِنْكُمْ فَأُولَئِكَ هُمُ الظَّالِمُونَ " (التوبة 23).

ومن الحب المنبوذ في القرآن ، حب الضلال على الهدى ، كما في قوله تعالى " وَأَمَّا ثَمُودُ فَهَدَيْنَاهُمْ فَاسْتَحَبُّوا الْعَمَى عَلَى الْهُدَى فَأَخَذَتْهُمْ صَاعِقَةُ الْعَذَابِ الْهُونِ بِمَا كَانُوا يَكْسِبُونَ) " فصلت 17).

ومن الحب المنبوذ في القرآن ، حب الحياة الدنيا على الآخرة ، كما في قوله تعالى " الَّذِينَ يَسْتَحِبُّونَ الْحَيَاةَ الدُّنْيَا عَلَى الْآخِرَةِ وَيَصُدُّونَ عَنْ سَبِيلِ اللَّهِ وَيَبْغُونَهَا عِوَجًا أُولَئِكَ فِي ضَلَالٍ بَعِيدٍ " (إبراهيم 3).

ومن الحب المنبوذ في القرآن ، حب الزنا والفاحشة ، كما في الآيات:

" . وَقَالَ نِسْوَةٌ فِي الْمَدِينَةِ امْرَأَةُ الْعَزِيزِ تُرَاوِدُ فَتَاهَا عَنْ نَفْسِهِ قَدْ شَغَفَهَا حُبًّا إِنَّا لَنَرَاهَا فِي ضَلَالٍ مُبِينٍ " (يوسف 30).

" . قَالَ رَبِّ السِّجْنُ أَحَبُّ إِلَيَّ مِمَّا يَدْعُونَنِي إِلَيْهِ وَإِلَّا تَصْرِفْ عَنِّي كَيْدَهُنَّ أَصْبُ إِلَيْهِنَّ وَأَكُنْ مِنَ الْجَاهِلِينَ " (يوسف 33).

" . إِنَّ الَّذِينَ يُحِبُّونَ أَنْ تَشِيعَ الْفَاحِشَةُ فِي الَّذِينَ آمَنُوا لَهُمْ عَذَابٌ أَلِيمٌ فِي الدُّنْيَا وَالْآخِرَةِ وَاللَّهُ يَعْلَمُ وَأَنْتُمْ لَا تَعْلَمُونَ" (النور 19).

ومن الحب المنبوذ في القرآن ، حب المال ، كما في الآيات:

" . وَتُحِبُّونَ الْمَالَ حُبًّا جَمًّا " (الفجر 20).

" . وَإِنَّهُ لِحُبِّ الْخَيْرِ لَشَدِيدٌ " (العاديات 8).

" . فَقَالَ إِنِّي أَحْبَبْتُ حُبَّ الْخَيْرِ عَنْ ذِكْرِ رَبِّي حَتَّى تَوَارَتْ بِالْحِجَابِ " (ص 32).

ومن الحب المنبوذ في القرآن ، حب المنافقين ، كما في قوله تعالى " هَا أَنْتُمْ أُولَاءِ تُحِبُّونَهُمْ وَلَا يُحِبُّونَكُمْ وَتُؤْمِنُونَ بِالْكِتَابِ كُلِّهِ وَإِذَا لَقُوكُمْ قَالُوا آمَنَّا وَإِذَا خَلَوْا عَضُّوا عَلَيْكُمُ الْأَنَامِلَ مِنَ الْغَيْظِ قُلْ مُوتُوا بِغَيْظِكُمْ إِنَّ اللَّهَ عَلِيمٌ بِذَاتِ الصُّدُورِ " (آل عمران 119).

ومن الحب المنبوذ في القرآن ، حب أن تُحمد بما لم تفعل ، كما في قوله تعالى " لَا تَحْسَبَنَّ الَّذِينَ يَفْرَحُونَ بِمَا أَتَوْا وَيُحِبُّونَ أَنْ يُحْمَدُوا بِمَا لَمْ يَفْعَلُوا فَلَا تَحْسَبَنَّهُمْ بِمَفَازَةٍ مِنَ الْعَذَابِ وَلَهُمْ عَذَابٌ أَلِيمٌ " (آل عمران 188).

هذا ونكتفى بهذا القدر من الحديث عن الحب المنبوذ في القرآن.

وللحديث بقية.

ندعو الله أن يهدينا وإياكم سواء السبيل.

هذا وبالله التوفيق.

حب الأبناء في القرآن

نواصل في هذا المقال ، حديثنا عن الحب في القرآن ، ونخصص هذا المقال للحديث عن حب الأبناء في القرآن .

فلقد فُطر الإنسان على حب الأبناء والبنين ، فيقول تعالى " زُيِّنَ لِلنَّاسِ حُبُّ الشَّهَوَاتِ مِنَ النِّسَاءِ وَالْبَنِينَ " (آل عمران 14) .

ولقد وصى الله الإنسان بوالديه ، فيقول تعالى " وَوَصَّيْنَا الْإِنسَانَ بِوَالِدَيْهِ حُسْنًا " (العنكبوت 8) .

ويجب على كل إنسان ألا يميز في المعاملة بين الأبناء من صلبه ، وأن يساوي بينهم في الهبات ، فعن النعمان بن بشير قال: تصدق عليَّ أبي ببعض ماله، فقالت أمي: عمرة لا أرضى حتى تشهد عليها رسول الله صلى الله عليه وسلم، فجاء أبي إلى رسول الله صلى الله عليه وسلم، فقال: "أكل ولدك نحلته مثل هذا؟" قال: لا. قال: "اتقوا الله واعدلوا بين أولادكم" [متفق عليه] .

والتفرقة بين الأبناء في المعاملة ، هي أحد أسباب الحسد بين الأبناء ، ولنا في قصة أبناء يعقوب عليه السلام عبرة ، فيقول

75

تعالى " إِذْ قَالُوا لَيُوسُفُ وَأَخُوهُ أَحَبُّ إِلَىٰ أَبِينَا مِنَّا وَنَحْنُ عُصْبَةٌ إِنَّ أَبَانَا لَفِي ضَلَالٍ مُّبِينٍ " (يوسف 8) .

وهنا نوضح أن التمييز في المعاملة بين الأبناء ، إذا كان أسلوباً لتربية الأبناء ، جائز ، بشرط ألا يتسرب حب إبن دون الآخر لقلب الوالد أو الوالدة .

أما إذا كان القلب يميل لأحد الأبناء دون الآخر ، فذلك ضلال مبين ، كما ذكرنا في قصة أبناء يعقوب عليه السلام.

هذا ومازال للحديث عن الحب في القرآن بقية .

ندعو الله أن يهدينا وإياكم سواء السبيل .

هذا وبالله التوفيق .

محمد عبد الرحيم عبد الرزاق

حب الأوطان في القرآن والحديث النبوي

نواصل في هذا المقال حديثنا عن الحب في القرآن ، وفي هذا المقال نتحدث عن حب الأوطان في القرآن والحديث النبوي .

فمن الفطرة أن يحب الإنسان وطنه والمكان الذي نشأ فيه , وليس من الحب المنبوذ في القرآن حب الأوطان .

ولنا في رسول الله أسوة حسنة ، فعَنْ عبداللَّهِ بْنِ عَدِيّ ابْنِ الْحَمْرَاءِ أَنَّهُ سَمِعَ النَّبِيَّ ﷺ يَقُولُ وَهُوَ وَاقِفٌ بِالْحَزْوَرَةِ فِي سُوقِ مَكَّةَ: وَاَللَّهِ إِنَّكِ لَخَيْرُ أَرْضِ اللَّهِ، وَأَحَبُّ أَرْضِ اللَّهِ إِلَى اللَّهِ، وَلَوْلَا أَنِّي أُخْرِجْتُ مِنْكِ مَا خَرَجْتُ. رَوَاهُ أَحْمَدُ وَابْنُ مَاجَهْ وَالتِّرْمِذِيُّ وَصَحَّحَهُ.

وفي القرآن نهي الله عز وجل المؤمنين أن يعتدوا على من لم يخرجوهم من ديارهم " أي أوطانهم " ولم يقاتلونهم في الدين فيقول تعالى " لَّا يَنْهَاكُمُ اللَّهُ عَنِ الَّذِينَ لَمْ يُقَاتِلُوكُمْ فِي الدِّينِ وَلَمْ يُخْرِجُوكُم مِّن دِيَارِكُمْ أَن تَبَرُّوهُمْ وَتُقْسِطُوا إِلَيْهِمْ ۚ إِنَّ اللَّهَ يُحِبُّ الْمُقْسِطِينَ " (الممتحنة 8) .

كذلك ذُكر في القرآن أن الناس مقسمين إلى شعوب وقبائل ، وكذلك أمر الله في القرآن بالتعارف بين الناس ، فيقول تعالى " وَجَعَلْنَاكُمْ شُعُوبًا وَقَبَائِلَ لِتَعَارَفُوا " (الحجرات 13) .

هذا ونكتفي بهذا القدر من الحديث عن حب الأوطان في القرآن والحديث النبوي ، ومازال للحديث بقية .

ندعو الله أن يهدينا وإياكم سواء السبيل .

هذا وبالله التوفيق .

حب الأنداد في القرآن

نواصل في هذا المقال ، حديثنا عن الحب في القرآن ، وذلك بالحديث عن قوله تعالى " وَمِنَ النَّاسِ مَنْ يَتَّخِذُ مِنْ دُونِ اللهِ أَنْدَادًا يُحِبُّونَهُمْ كَحُبِّ اللهِ وَالَّذِينَ آمَنُوا أَشَدُّ حُبًّا لِلَّهِ وَلَوْ يَرَى الَّذِينَ ظَلَمُوا إِذْ يَرَوْنَ الْعَذَابَ أَنَّ الْقُوَّةَ لِلَّهِ جَمِيعًا وَأَنَّ اللهَ شَدِيدُ الْعَذَابِ " (البقرة 165).

وهنا نقول أن الند في هذة الآية ليس بالضرورة أن يكون شريكاً في العبادة. ولكن الند هو كل من يُحب من دون الله.

فالند قد يكون السادة الذين يضلون أتباعهم ، كما في قوله تعالى " وَقَالُوا رَبَّنَا إِنَّا أَطَعْنَا سَادَتَنَا وَكُبَرَاءَنَا فَأَضَلُّونَا السَّبِيلَا " (الأحزاب 67).

وفي العصر الحديث ، تنوعت أشكال حب الأنداد. فمن حب الأنداد في العصر الحديث ، حب أو تشجيع الأندية الرياضية ، حب النقابات التي ينتمون إليها ، حب الأحزاب.

وليس المشكلة في مجرد الحب ، ولكن المشكلة في الجمع بين الحب والظلم . فيقول تعالى " وَلَوْ يَرَى الَّذِينَ ظَلَمُوا إِذْ يَرَوْنَ الْعَذَابَ أَنَّ الْقُوَّةَ لِلَّهِ جَمِيعًا وَأَنَّ اللَّهَ شَدِيدُ الْعَذَابِ " (البقرة 165) .

فيا أخي العزيز ، يا من تحب ناديك الرياضي أو نقابتك أو حزبك ، إياك أن تجمع بين حبك والظلم ، فالظلم ظلمات يوم القيامة ، أو كما قال رسول الله.

هذا ومازال للحديث بقية.

ندعو الله أن يهدينا وإياكم سواء السبيل.

هذا وبالله التوفيق.

محمد عبد الرحيم عبد الرزاق

إدعاء محبة الله لليهود والنصارى

نختتم في هذا المقال ، حديثنا عن الحب في القرآن ، وفي هذا المقال نتحدث عن تفسير قوله تعالى " وَقَالَتِ الْيَهُودُ وَالنَّصَارَىٰ نَحْنُ أَبْنَاءُ اللَّهِ وَأَحِبَّاؤُهُ ۚ قُلْ فَلِمَ يُعَذِّبُكُم بِذُنُوبِكُم ۖ بَلْ أَنتُم بَشَرٌ مِّمَّنْ خَلَقَ ۚ يَغْفِرُ لِمَن يَشَاءُ وَيُعَذِّبُ مَن يَشَاءُ ۚ وَلِلَّهِ مُلْكُ السَّمَاوَاتِ وَالْأَرْضِ وَمَا بَيْنَهُمَا ۖ وَإِلَيْهِ الْمَصِيرُ " (المائدة 18).

ونقول أن اليهود والنصارى ، لو قالوا نحن أبناء الله وسكتوا ، أو لو قالوا نحن أحباء الله وسكتوا ، لجاز تأويل البنوة أو الحب على معنى آخر غير معناها الأصلى.

ولكنهم قالوا " نَحْنُ أَبْنَاءُ اللَّهِ وَأَحِبَّاؤُهُ "، فلم يتركوا فرصة للتأويل.

ونحن في هذا العمل نفسر كل مصطلح بضده ، وقد وضحنا أن للحب أكثر من معنى في القرآن في مقال سابق.

ندعو الله أن يهدينا وإياكم سواء السبيل.

هذا وبالله التوفيق.

معاني النشوز في القرآن

نتابع في هذا المقال ما بدأناه عن معاني بعض المصطلحات في القرآن ، وهنا في هذا المقال ، نوضح معاني مصطلح النشوز في القرآن بواسطة إستخراج التضاد في القرآن فكما يقول الشاعر " بضدها تتبين الأشياء " ، وكذلك نستخرج الترادف من التشابة بين الآيات .

فأول معاني النشوز ، وهو خاص بالمرأة ، وهو ضد " العمل الصالح " في قوله تعالى " فَالصَّالِحَاتُ قَانِتَاتٌ حَافِظَاتٌ لِلْغَيْبِ بِمَا حَفِظَ اللَّهُ وَاللَّاتِي تَخَافُونَ نُشُوزَهُنَّ فَعِظُوهُنَّ وَاهْجُرُوهُنَّ فِي الْمَضَاجِعِ وَاضْرِبُوهُنَّ فَإِنْ أَطَعْنَكُمْ فَلَا تَبْغُوا عَلَيْهِنَّ سَبِيلًا إِنَّ اللَّهَ كَانَ عَلِيًّا كَبِيرًا " (النساء 34) . وقد وضحنا ذلك في مقال سابق عن معاني العمل الصالح في القرآن .

ثاني معاني النشوز ، وهو خاص بالرجل ، وهو ضد " العدل " في قوله تعالى " وَإِنِ امْرَأَةٌ خَافَتْ مِنْ بَعْلِهَا نُشُوزًا أَوْ إِعْرَاضًا فَلَا جُنَاحَ عَلَيْهِمَا أَنْ يُصْلِحَا بَيْنَهُمَا صُلْحًا وَالصُّلْحُ خَيْرٌ وَأُحْضِرَتِ الْأَنْفُسُ الشُّحَّ وَإِنْ تُحْسِنُوا وَتَتَّقُوا فَإِنَّ اللَّهَ كَانَ بِمَا تَعْمَلُونَ خَبِيرًا * وَلَنْ تَسْتَطِيعُوا أَنْ تَعْدِلُوا بَيْنَ النِّسَاءِ وَلَوْ حَرَصْتُمْ فَلَا تَمِيلُوا كُلَّ

الْمَيْلِ فَتَذَرُوهَا كَالْمُعَلَّقَةِ وَإِنْ تُصْلِحُوا وَتَتَّقُوا فَإِنَّ اللَّهَ كَانَ غَفُورًا رَحِيمًا " (النساء 128 – 129) .

ثالث معاني النشوز ، وهو ضد " التفسح في المجالس " في قوله تعالى " يَا أَيُّهَا الَّذِينَ آمَنُوا إِذَا قِيلَ لَكُمْ تَفَسَّحُوا فِي الْمَجَالِسِ فَافْسَحُوا يَفْسَحِ اللَّهُ لَكُمْ وَإِذَا قِيلَ انْشُزُوا فَانْشُزُوا يَرْفَعِ اللَّهُ الَّذِينَ آمَنُوا مِنْكُمْ وَالَّذِينَ أُوتُوا الْعِلْمَ دَرَجَاتٍ وَاللَّهُ بِمَا تَعْمَلُونَ خَبِيرٌ " (المجادلة 11) .

رابع معاني النشوز ، ونستخرجه من التشابه بين الآيات ، وهو مرادف " الجمع "، وذلك من التشابه بين الآيات في قوله تعالى " وَانْظُرْ إِلَى الْعِظَامِ كَيْفَ نُنْشِزُهَا ثُمَّ نَكْسُوهَا لَحْمًا " (البقرة 259) ، و قوله تعالى " أَيَحْسَبُ الْإِنْسَانُ أَلَّن نَّجْمَعَ عِظَامَهُ " (القيامة 3) .

هذا كان حتى نضع كل مصطلح في القرآن في موضعه ولا نحرف الكلم عن مواضعه ، وقد يكون للنشوز معاني أخرى لم نجمعها في هذا المقال .

ندعو الله أن يهدينا وإياكم سواء السبيل

حقائق ومعاني من القرآن الكريم (الجزء الثالث)

هذا وبالله التوفيق .

محمد عبد الرحيم عبد الرزاق

معاني الوذر في القرآن

نواصل في هذا المقال ، حديثنا عن معاني بعض المصطلحات في القرآن ، وذلك بإستخدام ضد المصطلح ، وذلك كما يقول الشاعر " بضدها تتبين الأشياء " ، وفي هذا المقال نوضح بعض معاني أحد المصطلحات الغريبة في القرآن ، ألا وهو مصطلح " الوذر " .

فضد الوذر في القرآن " الحب " كما في قوله تعالى " إِنَّ هَٰؤُلَاءِ يُحِبُّونَ الْعَاجِلَةَ وَيَذَرُونَ وَرَاءَهُمْ يَوْمًا ثَقِيلًا " (الإنسان 27).

وضد الوذر في القرآن " النجاة " كما في قوله تعالى " ثُمَّ نُنَجِّي الَّذِينَ اتَّقَوا وَّنَذَرُ الظَّالِمِينَ فِيهَا جِثِيًّا " (مريم 72) .

وضد الوذر في القرآن " البقاء " كما في قوله تعالى " لَا تُبْقِي وَلَا تَذَرُ " (المدثر 28) .

هذا وقد يكون لمصطلح الوذر معاني أخرى في القرآن لم نجمعها في هذا المقال.

ندعو الله أن يهدينا وإياكم سواء السبيل

حقائق ومعاني من القرآن الكريم (الجزء الثالث)

هذا وبالله التوفيق .

محمد عبد الرحيم عبد الرزاق

معاني الوفاة في القرآن

نواصل في هذا المقال ، حديثنا عن معاني بعض المصطلحات في القرآن ، وذلك بإستخدام ضد المصطلح ، وذلك كما يقول الشاعر " بضدها تتبين الأشياء " ، وفي هذا المقال نوضح بعض معاني مصطلح " الوفاة " في القرآن.

فضد الوفاة في القرآن " الخلق " ، كما في قوله تعالى " وَاللَّهُ خَلَقَكُمْ ثُمَّ يَتَوَفَّاكُمْ وَمِنْكُمْ مَنْ يُرَدُّ إِلَى أَرْذَلِ الْعُمُرِ " (النحل 70) .

وضد الوفاة في القرآن " المنام " ، كما في قوله تعالى " اللَّهُ يَتَوَفَّى الْأَنْفُسَ حِينَ مَوْتِهَا وَالَّتِي لَمْ تَمُتْ فِي مَنَامِهَا " الزمر. (42)

وضد الوفاة في القرآن " الرفع " ، كما قوله تعالى " إِذْ قَالَ اللَّهُ يَا عِيسَى إِنِّي مُتَوَفِّيكَ وَرَافِعُكَ إِلَيَّ) " آل عمران 55. (

وضد الوفاة في القرآن " الاستضعاف في الأرض " كما في قوله تعالى " إِنَّ الَّذِينَ تَوَفَّاهُمُ الْمَلَائِكَةُ ظَالِمِي أَنْفُسِهِمْ قَالُوا فِيمَ كُنْتُمْ

قَالُوا كُنَّا مُسْتَضْعَفِينَ فِي الْأَرْضِ قَالُوا أَلَمْ تَكُنْ أَرْضُ اللَّهِ وَاسِعَةً فَتُهَاجِرُوا فِيهَا فَأُولَئِكَ مَأْوَاهُمْ جَهَنَّمُ وَسَاءَتْ مَصِيرًا " (النساء . (97

وضد الوفاة في القرآن " الرد أو الرجوع إلى الله " كما في الآيات:

" . حَتَّى إِذَا جَاءَ أَحَدَكُمُ الْمَوْتُ تَوَفَّتْهُ رُسُلُنَا وَهُمْ لَا يُفَرِّطُونَ * ثُمَّ رُدُّوا إِلَى اللَّهِ مَوْلَاهُمُ الْحَقِّ أَلَا لَهُ الْحُكْمُ وَهُوَ أَسْرَعُ الْحَاسِبِينَ) "الأنعام62. (– 61

" . قُلْ يَتَوَفَّاكُمْ مَلَكُ الْمَوْتِ الَّذِي وُكِّلَ بِكُمْ ثُمَّ إِلَى رَبِّكُمْ تُرْجَعُونَ) " السجدة. (11

وضد الوفاة في القرآن " رؤية العذاب أو النعيم " ، كما في قوله تعالى " وَإِمَّا نُرِيَنَّكَ بَعْضَ الَّذِي نَعِدُهُمْ أَوْ نَتَوَفَّيَنَّكَ " (يونس 46)

هذا وقد يكون للوفاة معاني آخرى في القرآن لم نجمعها في هذا المقال.

ندعو الله أن يهدينا وإياكم سواء السبيل.
هذا وبالله التوفيق.

محمد عبد الرحيم عبد الرزاق

معاني الفتنة في القرآن

كنا قد كتبنا مقالاً عن أسباب الفتنة في القرآن ، وتوصلنا لنتيجة أن للفتنة أسباب عدة ، ولكننا في هذا المقال ركزنا على معنى واحد من معاني الفتنة ، وهو الإختلاف على الحق بين الناس .

لذا فضد الفتنة في القرآن هو " الحق " كما في قوله تعالى " لَقَدِ ابْتَغَوُا الْفِتْنَةَ مِنْ قَبْلُ وَقَلَّبُوا لَكَ الْأُمُورَ حَتَّى جَاءَ الْحَقُّ وَظَهَرَ أَمْرُ اللَّهِ وَهُمْ كَارِهُونَ " (التوبة 48) .

كما أن ضد الفتنة هو " الأمن " كما في قوله تعالى " سَتَجِدُونَ آخَرِينَ يُرِيدُونَ أَنْ يَأْمَنُوكُمْ وَيَأْمَنُوا قَوْمَهُمْ كُلَّ مَا رُدُّوا إِلَى الْفِتْنَةِ أُرْكِسُوا فِيهَا فَإِنْ لَمْ يَعْتَزِلُوكُمْ وَيُلْقُوا إِلَيْكُمُ السَّلَمَ وَيَكُفُّوا أَيْدِيَهُمْ فَخُذُوهُمْ وَاقْتُلُوهُمْ حَيْثُ ثَقِفْتُمُوهُمْ وَأُولَئِكُمْ جَعَلْنَا لَكُمْ عَلَيْهِمْ سُلْطَانًا مُبِينًا " (النساء 91)

وضد الفتنة هو " الأيمان والعمل الصالح " كما في قوله تعالى " إِنَّ الَّذِينَ فَتَنُوا الْمُؤْمِنِينَ وَالْمُؤْمِنَاتِ ثُمَّ لَمْ يَتُوبُوا فَلَهُمْ عَذَابُ جَهَنَّمَ وَلَهُمْ عَذَابُ الْحَرِيقِ * إِنَّ الَّذِينَ آمَنُوا وَعَمِلُوا الصَّالِحَاتِ لَهُمْ

جَنَّاتٌ تَجْرِي مِن تَحْتِهَا الْأَنْهَارُ ۚ ذَٰلِكَ الْفَوْزُ الْكَبِيرُ " (البروج 10-11) . كما وضحنا في مقالات سابقة .

وضد الفتنة هو " التوبة " كما في قوله تعالى " أَوَلَا يَرَوْنَ أَنَّهُمْ يُفْتَنُونَ فِي كُلِّ عَامٍ مَرَّةً أَوْ مَرَّتَيْنِ ثُمَّ لَا يَتُوبُونَ وَلَا هُمْ يَذَّكَّرُونَ " (التوبة 126) .

وضد الفتنة " الفلاح " كما في الآيات " وَمَنْ أَظْلَمُ مِمَّنِ افْتَرَى عَلَى اللَّهِ كَذِبًا أَوْ كَذَّبَ بِآيَاتِهِ إِنَّهُ لَا يُفْلِحُ الظَّالِمُونَ * وَيَوْمَ نَحْشُرُهُمْ جَمِيعًا ثُمَّ نَقُولُ لِلَّذِينَ أَشْرَكُوا أَيْنَ شُرَكَاؤُكُمُ الَّذِينَ كُنْتُمْ تَزْعُمُونَ * ثُمَّ لَمْ تَكُنْ فِتْنَتُهُمْ إِلَّا أَنْ قَالُوا وَاللَّهِ رَبِّنَا مَا كُنَّا مُشْرِكِينَ " (الأنعام 21 - 23) .

وضد الفتنة " الحياة " كما في الآيات " يَا أَيُّهَا الَّذِينَ آمَنُوا اسْتَجِيبُوا لِلَّهِ وَلِلرَّسُولِ إِذَا دَعَاكُمْ لِمَا يُحْيِيكُمْ وَاعْلَمُوا أَنَّ اللَّهَ يَحُولُ بَيْنَ الْمَرْءِ وَقَلْبِهِ وَأَنَّهُ إِلَيْهِ تُحْشَرُونَ * وَاتَّقُوا فِتْنَةً لَا تُصِيبَنَّ الَّذِينَ ظَلَمُوا مِنْكُمْ خَاصَّةً وَاعْلَمُوا أَنَّ اللَّهَ شَدِيدُ الْعِقَابِ " (الأنفال 24 - 25) .

وضد الفتنة " الانتهاء " كما في قوله تعالى " وَقَاتِلُوهُمْ حَتَّى لَا تَكُونَ فِتْنَةٌ وَيَكُونَ الدِّينُ كُلُّهُ لِلَّهِ فَإِنِ انْتَهَوْا فَإِنَّ اللَّهَ بِمَا يَعْمَلُونَ بَصِيرٌ " (الأنفال 39) .

وضد الفتنة " النجاة " كما في قوله تعالى " فَقَالُوا عَلَى اللَّهِ تَوَكَّلْنَا رَبَّنَا لَا تَجْعَلْنَا فِتْنَةً لِلْقَوْمِ الظَّالِمِينَ * وَنَجِّنَا بِرَحْمَتِكَ مِنَ الْقَوْمِ الْكَافِرِينَ " (يونس 85 - 86) . وكما في قوله تعالى "وَقَتَلْتَ نَفْسًا فَنَجَّيْنَاكَ مِنَ الْغَمِّ وَفَتَنَّاكَ فُتُونًا " (طه 40) .

وضد الفتنة " الجهاد والصبر " كما في قوله تعالى " ثُمَّ إِنَّ رَبَّكَ لِلَّذِينَ هَاجَرُوا مِنْ بَعْدِ مَا فُتِنُوا ثُمَّ جَاهَدُوا وَصَبَرُوا إِنَّ رَبَّكَ مِنْ بَعْدِهَا لَغَفُورٌ رَحِيمٌ " (النحل 110) .

وضد الفتنة " الوحي " كما في قوله تعالى " وَإِنْ كَادُوا لَيَفْتِنُونَكَ عَنِ الَّذِي أَوْحَيْنَا إِلَيْكَ لِتَفْتَرِيَ عَلَيْنَا غَيْرَهُ وَإِذًا لَاتَّخَذُوكَ خَلِيلًا " (الإسراء 73) .

وضد الفتنة " الاتباع والطاعة " كما في قوله تعالى "وَلَقَدْ قَالَ لَهُمْ هَارُونُ مِنْ قَبْلُ يَا قَوْمِ إِنَّمَا فُتِنْتُمْ بِهِ وَإِنَّ رَبَّكُمُ الرَّحْمَنُ فَاتَّبِعُونِي وَأَطِيعُوا أَمْرِي " (طه 90) .

وضد الفتنة " الخير " كما في قوله تعالى " فَإِنْ أَصَابَهُ خَيْرٌ اطْمَأَنَّ بِهِ وَإِنْ أَصَابَتْهُ فِتْنَةٌ انْقَلَبَ عَلَى وَجْهِهِ " (الحج 11) .

وضد الفتنة " معاهدة الله " كما في قوله تعالى " وَلَوْ دُخِلَتْ عَلَيْهِمْ مِنْ أَقْطَارِهَا ثُمَّ سُئِلُوا الْفِتْنَةَ لَآتَوْهَا وَمَا تَلَبَّثُوا بِهَا إِلَّا يَسِيرًا * وَلَقَدْ كَانُوا عَاهَدُوا اللَّهَ مِنْ قَبْلُ لَا يُوَلُّونَ الْأَدْبَارَ وَكَانَ عَهْدُ اللَّهِ مَسْئُولًا " (الأحزاب 14 – 15) .

وضد الفتنة " الاستغفار " كما في قوله تعالى " وَظَنَّ دَاوُودُ أَنَّمَا فَتَنَّاهُ فَاسْتَغْفَرَ رَبَّهُ وَخَرَّ رَاكِعًا وَأَنَابَ " (ص 24)

وضد الفتنة " العلم " كما في قوله تعالى " فَإِذَا مَسَّ الْإِنْسَانَ ضُرٌّ دَعَانَا ثُمَّ إِذَا خَوَّلْنَاهُ نِعْمَةً مِنَّا قَالَ إِنَّمَا أُوتِيتُهُ عَلَى عِلْمٍ بَلْ هِيَ فِتْنَةٌ وَلَكِنَّ أَكْثَرَهُمْ لَا يَعْلَمُونَ (الزمر 49) .

وضد الفتنة " الدين " كما في قوله تعالى " وَقَاتِلُوهُمْ حَتَّى لَا تَكُونَ فِتْنَةٌ وَيَكُونَ الدِّينُ لِلَّهِ فَإِنِ انْتَهَوْا فَلَا عُدْوَانَ إِلَّا عَلَى الظَّالِمِينَ " (البقرة 193) .

هذا وكما يقول الشاعر " بضدها تتبين الأشياء " ونكتفي بهذا القدر عن معاني الفتنة في القرآن .

ندعو الله أن يهدينا وإياكم سواء السبيل .

هذا وبالله التوفيق .

معاني الوحي في القرآن

نواصل في هذا المقال حديثنا عن معاني بعض المصطلحات في القرآن ، وفي هذا المقال نوضح بعض معاني مصطلح " الوحي " في القرآن .

وقبل أن نبدأ نحب أن نوضح أنه ليس كل من أوحى له الله في القرآن ، نبي ، فالحواريون أصحاب السيد المسيح أوحي لهم الله ، وهم ليسوا بأنبياء ، في قوله تعالى " وَإِذْ أَوْحَيْتُ إِلَى الْحَوَارِيِّينَ أَنْ آمِنُوا بِي وَبِرَسُولِي قَالُوا آمَنَّا وَاشْهَدْ بِأَنَّنَا مُسْلِمُونَ " (المائدة 111) .

والدليل على أنهم ليسوا بأنبياء الوعيد في قوله تعالى " قَالَ اللَّهُ إِنِّي مُنَزِّلُهَا عَلَيْكُمْ ۖ فَمَن يَكْفُرْ بَعْدُ مِنكُمْ فَإِنِّي أُعَذِّبُهُ عَذَابًا لَّا أُعَذِّبُهُ أَحَدًا مِّنَ الْعَالَمِينَ " (المائدة 115) .

كذلك أم موسي أوحي لها الله وهي ليست بنبيه ، وغيرها في القرآن .

لذا فللوحي أكثر من معني في القرآن ، نحاول ان نوجزها في هذا المقال ، وكما تعودنا فإننا نفسر المصطلح بضده ، كما يقول الشاعر " بضدها تتبين الأشياء "

فضد الوحي " الضلال " في قوله تعالى " مَا ضَلَّ صَاحِبُكُمْ وَمَا غَوَى * وَمَا يَنْطِقُ عَنِ الْهَوَى * إِنْ هُوَ إِلَّا وَحْيٌ يُوحَى " (النجم 2 – 4) . وقد أوضحنا ذلك في مقال سابق عن معاني الضلال في القرآن .

وضد الوحي " الكفر " في قوله تعالى " كَذَلِكَ أَرْسَلْنَاكَ فِي أُمَّةٍ قَدْ خَلَتْ مِنْ قَبْلِهَا أُمَمٌ لِتَتْلُوَ عَلَيْهِمُ الَّذِي أَوْحَيْنَا إِلَيْكَ وَهُمْ يَكْفُرُونَ بِالرَّحْمَنِ قُلْ هُوَ رَبِّي لَا إِلَهَ إِلَّا هُوَ عَلَيْهِ تَوَكَّلْتُ وَإِلَيْهِ مَتَابِ " (الرعد 30) . وقد أوضحنا ذلك في مقال سابق عن معاني الكفر في القرآن .

وضد الوحي " الفتنة " في قوله تعالى " وَإِنْ كَادُوا لَيَفْتِنُونَكَ عَنِ الَّذِي أَوْحَيْنَا إِلَيْكَ لِتَفْتَرِيَ عَلَيْنَا غَيْرَهُ وَإِذًا لَاتَّخَذُوكَ خَلِيلًا " (الإسراء 73) .

وضد الوحي " الغفلة " في قوله تعالى " نَحْنُ نَقُصُّ عَلَيْكَ أَحْسَنَ الْقَصَصِ بِمَا أَوْحَيْنَا إِلَيْكَ هَذَا الْقُرْآنَ وَإِنْ كُنْتَ مِنْ قَبْلِهِ لَمِنَ الْغَافِلِينَ " (يوسف 3) .

وضد الوحي " الكذب " في قوله تعالى " فَأَوْحَى إِلَى عَبْدِهِ مَا أَوْحَى * مَا كَذَبَ الْفُؤَادُ مَا رَأَى " (النجم 10 – 11) .

وضد الوحي " الجدال " في قوله تعالى " وَإِنَّ الشَّيَاطِينَ لَيُوحُونَ إِلَى أَوْلِيَائِهِمْ لِيُجَادِلُوكُمْ وَإِنْ أَطَعْتُمُوهُمْ إِنَّكُمْ لَمُشْرِكُونَ " (الأنعام 121) .

هذا وقد يكون لمصطلح الوحي معاني أخرى في القرآن لم نجمعها في هذا المقال.

ندعو الله أن يهدينا وإياكم سواء السبيل .

هذا وبالله التوفيق .

معاني الصبر في القرآن

نواصل في هذا المقال ، متابعة ما بدأناه عن معاني بعض المصطلحات في القرآن الكريم بإستخدام التضاد ، وكما يقول الشاعر " بضدها تتبين الأشياء " ، وفي هذا المقال نوضح بعض معاني مصطلح " الصبر " في القرآن .

أول المعاني لمصطلح الصبر لدينا هو ضد " الجزع " في قوله تعالى " سَوَاءٌ عَلَيْنَا أَجَزِعْنَا أَمْ صَبَرْنَا مَا لَنَا مِنْ مَحِيصٍ " (إبراهيم 21) .

ثاني المعاني لدينا هو ضد " الاستعتاب " في قوله تعالى " فَإِنْ يَصْبِرُوا فَالنَّارُ مَثْوًى لَهُمْ وَإِنْ يَسْتَعْتِبُوا فَمَا هُمْ مِنَ الْمُعْتَبِينَ " (فصلت 24) . وفي هذا السياق نذكر تفسير القرطبي لهذة الآية " فإن يصبروا في النار أو يجزعوا فالنار مثوى لهم أي : لا محيص لهم عنها ، ودل على الجزع قوله : وإن يستعتبوا لأن المستعتب جزع ، والمعتب المقبول عتابه "

ثالث المعاني لدينا هو ضد " الاستعجال " في قوله تعالى " فَاصْبِرْ كَمَا صَبَرَ أُولُو الْعَزْمِ مِنَ الرُّسُلِ وَلَا تَسْتَعْجِلْ لَهُمْ كَأَنَّهُمْ يَوْمَ يَرَوْنَ مَا يُوعَدُونَ لَمْ يَلْبَثُوا إِلَّا سَاعَةً مِنْ نَهَارٍ بَلَاغٌ فَهَلْ يُهْلَكُ إِلَّا الْقَوْمُ الْفَاسِقُونَ " (الأحقاف 35) .

رابع المعاني لدينا هو ضد " الضلال " في قوله تعالى "وَلَمَنْ صَبَرَ وَغَفَرَ إِنَّ ذَلِكَ لَمِنْ عَزْمِ الْأُمُورِ * وَمَنْ يُضْلِلِ اللَّهُ فَمَا لَهُ مِنْ وَلِيٍّ مِنْ بَعْدِهِ وَتَرَى الظَّالِمِينَ لَمَّا رَأَوُا الْعَذَابَ يَقُولُونَ هَلْ إِلَى مَرَدٍّ مِنْ سَبِيلٍ " (الشورى   43 – 44) .

خامس المعاني لدينا هو ضد " العقاب " في قوله تعالى " وَإِنْ عَاقَبْتُمْ فَعَاقِبُوا بِمِثْلِ مَا عُوقِبْتُمْ بِهِ ۖ وَلَئِن صَبَرْتُمْ لَهُوَ خَيْرٌ لِّلصَّابِرِينَ " (النحل 126) .

سادس المعاني لدينا هو ضد " التكذيب " في قوله تعالى " وَلَقَدْ كُذِّبَتْ رُسُلٌ مِنْ قَبْلِكَ فَصَبَرُوا عَلَى مَا كُذِّبُوا وَأُوذُوا حَتَّى أَتَاهُمْ نَصْرُنَا وَلَا مُبَدِّلَ لِكَلِمَاتِ اللَّهِ وَلَقَدْ جَاءَكَ مِنْ نَبَإِ الْمُرْسَلِينَ " (الأنعام   34) .

سابع المعاني لدينا هو ضد " الأذى " في قوله تعالى " وَلَنَصْبِرَنَّ عَلَى مَا آذَيْتُمُونَا " (إبراهيم 12) .

ثامن المعاني لدينا هو ضد " التنازع " في قوله تعالى " وَأَطِيعُوا اللَّهَ وَرَسُولَهُ وَلَا تَنَازَعُوا فَتَفْشَلُوا وَتَذْهَبَ رِيحُكُمْ وَاصْبِرُوا إِنَّ اللَّهَ مَعَ الصَّابِرِينَ " (الأنفال 46) .

تاسع المعاني لدينا هو ضد " الغُلب " في قوله تعالى " إِنْ يَكُنْ مِنْكُمْ عِشْرُونَ صَابِرُونَ يَغْلِبُوا مِائَتَيْنِ" (الأنفال 65) .

عاشر المعاني لدينا هو ضد " العصيان " في قوله تعالى " قَالَ سَتَجِدُنِي إِنْ شَاءَ اللَّهُ صَابِرًا وَلَا أَعْصِي لَكَ أَمْرًا " (الكهف 69) .

المعنى الحادي عشر لدينا هو ضد " الفرح والفخر " في قوله تعالى " وَلَئِنْ أَذَقْنَاهُ نَعْمَاءَ بَعْدَ ضَرَّاءَ مَسَّتْهُ لَيَقُولَنَّ ذَهَبَ السَّيِّئَاتُ عَنِّي إِنَّهُ لَفَرِحٌ فَخُورٌ * إِلَّا الَّذِينَ صَبَرُوا وَعَمِلُوا الصَّالِحَاتِ أُولَئِكَ لَهُمْ مَغْفِرَةٌ وَأَجْرٌ كَبِيرٌ " (هود   10 – 11) .

المعنى الثاني عشر لدينا هو ضد " الفتنة " في قوله تعالى " ثُمَّ إِنَّ رَبَّكَ لِلَّذِينَ هَاجَرُوا مِنْ بَعْدِ مَا فُتِنُوا ثُمَّ جَاهَدُوا وَصَبَرُوا إِنَّ رَبَّكَ مِنْ بَعْدِهَا لَغَفُورٌ رَحِيمٌ " (النحل 110) .

المعنى الثالث والعشرون لدينا ، هو ضد " الكفر " ، في قوله تعالى " وَكَأَيِّنْ مِنْ نَبِيٍّ قَاتَلَ مَعَهُ رِبِّيُّونَ كَثِيرٌ فَمَا وَهَنُوا لِمَا أَصَابَهُمْ فِي سَبِيلِ اللَّهِ وَمَا ضَعُفُوا وَمَا اسْتَكَانُوا وَاللَّهُ يُحِبُّ الصَّابِرِينَ * وَمَا كَانَ قَوْلَهُمْ إِلَّا أَنْ قَالُوا رَبَّنَا اغْفِرْ لَنَا ذُنُوبَنَا وَإِسْرَافَنَا فِي أَمْرِنَا وَثَبِّتْ أَقْدَامَنَا وَانْصُرْنَا عَلَى الْقَوْمِ الْكَافِرِينَ " (آل عمران 146 - 147) .

هذا وقد يكون للصبر معاني أخرى لم نجمعها في هذا المقال .

ندعو الله أن يهدينا وإياكم سواء السبيل .

هذا وبالله التوفيق .

معاني الهُدى في القرآن

كنا قد كتبنا عدة مقالات عن الهدى وعن معناه وعن علاقته بكل من الإيمان والتقوى ، ووضحنا أن الهدى هو ضد الضلال

كما في قوله تعالى " يُضِلُّ اللَّهُ مَنْ يَشَاءُ وَيَهْدِي مَنْ يَشَاءُ " (المدثر 31).

وكما تعودنا هنا فإننا نفسر المصطلح في القرآن بضده وكما يقول الشاعر " بضدها تتبين الأشياء " ، لذا فإن لمصطلح الهدى أكثر من معنى في القرآن ، نحاول أن نوجزها في هذا المقال .

أول المعاني ، وكما ذكرنا من قبل ، فإن ضد الهدى " الضلال " كما في قوله تعالى " يُضِلُّ مَنْ يَشَاءُ وَيَهْدِي مَنْ يَشَاءُ " (النحل 93) .

ثاني المعاني هنا ، هو ضد " الشقاق " ، كما في قوله تعالى " فَإِنْ آمَنُوا بِمِثْلِ مَا آمَنْتُمْ بِهِ فَقَدِ اهْتَدَوْا وَإِنْ تَوَلَّوْا فَإِنَّمَا هُمْ فِي شِقَاقٍ فَسَيَكْفِيكَهُمُ اللَّهُ وَهُوَ السَّمِيعُ الْعَلِيمُ " (البقرة 137) .

ثالث المعاني ، هو ضد " الجهل " ، كما في قوله تعالى " وَلَوْ شَاءَ اللَّهُ لَجَمَعَهُمْ عَلَى الْهُدَى فَلَا تَكُونَنَّ مِنَ الْجَاهِلِينَ " (الأنعام 35) .

رابع المعاني ، هو ضد " الشِرك " ، كما في قوله تعالى " ذَلِكَ هُدَى اللهِ يَهْدِي بِهِ مَنْ يَشَاءُ مِنْ عِبَادِهِ وَلَوْ أَشْرَكُوا لَحَبِطَ عَنْهُمْ مَا كَانُوا يَعْمَلُونَ " (الأنعام 88) .

خامس المعاني ، هو ضد " الخوض واللعب " ، كما في قوله تعالى " قُلْ مَنْ أَنْزَلَ الْكِتَابَ الَّذِي جَاءَ بِهِ مُوسَى نُورًا وَهُدًى لِلنَّاسِ تَجْعَلُونَهُ قَرَاطِيسَ تُبْدُونَهَا وَتُخْفُونَ كَثِيرًا وَعُلِّمْتُمْ مَا لَمْ تَعْلَمُوا أَنْتُمْ وَلَا آبَاؤُكُمْ قُلِ اللهُ ثُمَّ ذَرْهُمْ فِي خَوْضِهِمْ يَلْعَبُونَ " (الأنعام 91) .

سادس المعاني ، هو ضد " الغفلة " ، كما في قوله تعالى " أَنْ تَقُولُوا إِنَّمَا أُنْزِلَ الْكِتَابُ عَلَى طَائِفَتَيْنِ مِنْ قَبْلِنَا وَإِنْ كُنَّا عَنْ دِرَاسَتِهِمْ لَغَافِلِينَ * أَوْ تَقُولُوا لَوْ أَنَّا أُنْزِلَ عَلَيْنَا الْكِتَابُ لَكُنَّا أَهْدَى مِنْهُمْ فَقَدْ جَاءَكُمْ بَيِّنَةٌ مِنْ رَبِّكُمْ وَهُدًى وَرَحْمَةٌ فَمَنْ أَظْلَمُ مِمَّنْ كَذَّبَ بِآيَاتِ اللهِ وَصَدَفَ عَنْهَا سَنَجْزِي الَّذِينَ يَصْدِفُونَ عَنْ آيَاتِنَا سُوءَ الْعَذَابِ بِمَا كَانُوا يَصْدِفُونَ " (الأنعام   156 – 157) .

سابع المعاني ، هو ضد " الرد على الأعقاب " ، كما في قوله تعالى " قُلْ أَنَدْعُو مِنْ دُونِ اللهِ مَا لَا يَنْفَعُنَا وَلَا يَضُرُّنَا وَنُرَدُّ عَلَى أَعْقَابِنَا بَعْدَ إِذْ هَدَانَا اللهُ " (الأنعام 71) .

ثامن المعاني ، هو ضد " المرية " أو ضد ما نسمية في اللغة الدارجة " الشك " ، كما في قوله تعالى " وَلِيَعْلَمَ الَّذِينَ أُوتُوا الْعِلْمَ أَنَّهُ الْحَقُّ مِنْ رَبِّكَ فَيُؤْمِنُوا بِهِ فَتُخْبِتَ لَهُ قُلُوبُهُمْ وَإِنَّ اللَّهَ لَهَادِ الَّذِينَ آمَنُوا إِلَى صِرَاطٍ مُسْتَقِيمٍ * وَلَا يَزَالُ الَّذِينَ كَفَرُوا فِي مِرْيَةٍ مِنْهُ حَتَّى تَأْتِيَهُمُ السَّاعَةُ بَغْتَةً أَوْ يَأْتِيَهُمْ عَذَابُ يَوْمٍ عَقِيمٍ " (الحج 54 - 55) .

تاسع المعاني ، هو ضد " الظلم " ، كما في قوله تعالى " وَاتَّخَذَ قَوْمُ مُوسَى مِنْ بَعْدِهِ مِنْ حُلِيِّهِمْ عِجْلًا جَسَدًا لَهُ خُوَارٌ أَلَمْ يَرَوْا أَنَّهُ لَا يُكَلِّمُهُمْ وَلَا يَهْدِيهِمْ سَبِيلًا اتَّخَذُوهُ وَكَانُوا ظَالِمِينَ " (الأعراف 148) . وقد كتبنا مقال سابق عن الظلم وعاقبته ومعانيه في القرآن .

عاشر المعاني ، هو ضد " التكذيب بالآيات " ، كما في قوله تعالى " وَمِمَّنْ خَلَقْنَا أُمَّةٌ يَهْدُونَ بِالْحَقِّ وَبِهِ يَعْدِلُونَ * وَالَّذِينَ كَذَّبُوا بِآيَاتِنَا سَنَسْتَدْرِجُهُمْ مِنْ حَيْثُ لَا يَعْلَمُونَ : (الأعراف 181 – 182) .

المعنى الحادي عشر ، هو ضد " الإجرام " ، كما في قوله تعالى " كَذَلِكَ جَعَلْنَا لِكُلِّ نَبِيٍّ عَدُوًّا مِنَ الْمُجْرِمِينَ وَكَفَى بِرَبِّكَ هَادِيًا وَنَصِيرًا " (الفرقان 31) .

المعنى الثاني عشر ، هو ضد " النفور " ، كما في قوله تعالى " وَأَقْسَمُوا بِاللَّهِ جَهْدَ أَيْمَانِهِمْ لَئِنْ جَاءَهُمْ نَذِيرٌ لَيَكُونُنَّ أَهْدَى مِنْ إِحْدَى الْأُمَمِ فَلَمَّا جَاءَهُمْ نَذِيرٌ مَا زَادَهُمْ إِلَّا نُفُورًا " (فاطر 42) .

المعنى الثالث عشر ، هو ضد " العمى " ، كما في قوله تعالى " وَأَمَّا ثَمُودُ فَهَدَيْنَاهُمْ فَاسْتَحَبُّوا الْعَمَى عَلَى الْهُدَى فَأَخَذَتْهُمْ صَاعِقَةُ الْعَذَابِ الْهُونِ بِمَا كَانُوا يَكْسِبُونَ " (فصلت 17) .

المعنى الرابع عشر ، هو ضد " الصد " ، كما في قوله تعالى " وَإِنَّهُمْ لَيَصُدُّونَهُمْ عَنِ السَّبِيلِ وَيَحْسَبُونَ أَنَّهُمْ مُهْتَدُونَ " (الزخرف 37) .

المعنى الخامس عشر ، هو ضد " النكث " ، كما في قوله تعالى " وَقَالُوا يَا أَيُّهَا السَّاحِرُ ادْعُ لَنَا رَبَّكَ بِمَا عَهِدَ عِنْدَكَ إِنَّنَا لَمُهْتَدُونَ * فَلَمَّا كَشَفْنَا عَنْهُمُ الْعَذَابَ إِذَا هُمْ يَنْكُثُونَ " (الزخرف 49 – 50) .

المعنى السادس عشر ، هو ضد " الكفر بآيات الله " ، كما في قوله تعالى " هَذَا هُدًى وَالَّذِينَ كَفَرُوا بِآيَاتِ رَبِّهِمْ لَهُمْ عَذَابٌ مِنْ رِجْزٍ أَلِيمٌ " (الجاثية 11) .

المعنى السابع عشر ، هو ضد " الفسق " ، كما في قوله تعالى " وَلَقَدْ أَرْسَلْنَا نُوحًا وَإِبْرَاهِيمَ وَجَعَلْنَا فِي ذُرِّيَّتِهِمَا النُّبُوَّةَ وَالْكِتَابَ فَمِنْهُمْ مُهْتَدٍ وَكَثِيرٌ مِنْهُمْ فَاسِقُونَ " (الحديد 23) .

المعنى الثامن عشر ، هو ضد " التكذيب والتولي " ، كما في قوله تعالى " أَرَأَيْتَ إِنْ كَانَ عَلَى الْهُدَى * أَوْ أَمَرَ بِالتَّقْوَى * أَرَأَيْتَ إِنْ كَذَّبَ وَتَوَلَّى " (العلق 11 – 13) .

المعنى التاسع عشر ، هو " ضد الطغيان " ، كما في قوله تعالى " كُلُوا مِنْ طَيِّبَاتِ مَا رَزَقْنَاكُمْ وَلَا تَطْغَوْا فِيهِ فَيَحِلَّ عَلَيْكُمْ غَضَبِي وَمَنْ يَحْلِلْ عَلَيْهِ غَضَبِي فَقَدْ هَوَى * وَإِنِّي لَغَفَّارٌ لِمَنْ تَابَ وَآمَنَ وَعَمِلَ صَالِحًا ثُمَّ اهْتَدَى " (طه 81 – 82) .

المعنى العشرون ، هو " ضد العصيان " ، كما في قوله تعالى " فَأَكَلَا مِنْهَا فَبَدَتْ لَهُمَا سَوْآتُهُمَا وَطَفِقَا يَخْصِفَانِ عَلَيْهِمَا مِنْ وَرَقِ الْجَنَّةِ وَعَصَى آدَمُ رَبَّهُ فَغَوَى * ثُمَّ اجْتَبَاهُ رَبُّهُ فَتَابَ عَلَيْهِ وَهَدَى " (طه 121 – 122).

المعنى الحادي والعشرون ، هو " ضد الجدال " ، كما في قوله تعالى " وَمِنَ النَّاسِ مَنْ يُجَادِلُ فِي اللَّهِ بِغَيْرِ عِلْمٍ وَلَا هُدًى وَلَا كِتَابٍ مُنِيرٍ " (الحج 8) .

وكما إستخرجنا المعاني من التضاد ، نستطيع أن نستخرج الترادف من التشابه بين الآيات ، لذا فالمعنى الثاني والعشرون للهُدى هنا هو مرادف " الرضوان " ، كما في قوله تعالى " وَاتَّبَعُوا رِضْوَانَ اللَّهِ وَاللَّهُ ذُو فَضْلٍ عَظِيمٍ " (آل عمران 174) ، وقوله تعالى " يَهْدِي بِهِ اللَّهُ مَنِ اتَّبَعَ رِضْوَانَهُ " (المائدة 16) .

المعنى الثالث والعشرون للهُدى هنا هو مرادف " المِلة " ، كما في قوله تعالى " وَلَنْ تَرْضَى عَنْكَ الْيَهُودُ وَلَا النَّصَارَى حَتَّى تَتَّبِعَ مِلَّتَهُمْ قُلْ إِنَّ هُدَى اللَّهِ هُوَ الْهُدَى وَلَئِنِ اتَّبَعْتَ أَهْوَاءَهُمْ بَعْدَ الَّذِي جَاءَكَ مِنَ الْعِلْمِ مَا لَكَ مِنَ اللَّهِ مِنْ وَلِيٍّ وَلَا نَصِيرٍ "(البقرة 120) .

كان هذا كي نفسر كل مصطلح في القرآن في موضعه ، ولا نحرف الكلم عن مواضعه . وقد يكون للهُدى معاني آخري في القرآن لم نجمعها في هذا المقال .

ندعو الله أن يهدينا وإياكم سواء السبيل .

هذا وبالله التوفيق .

معاني الضلال في القرآن

من المصطلحات التي إعتنينا بها في هذا العمل ، مصطلح الضلال ، ولكن كان الإهتمام بمعنى واحد من ضمن معاني الضلال ، وهو ضد " الهدى " ، كما في قوله تعالى " يُضِلُّ مَنْ يَشَاءُ وَيَهْدِي مَنْ يَشَاءُ " (النحل 93) .

وكما يقول الشاعر " بضدها تتبين الأشياء " فلمصطلح الضلال معاني أخرى في القرآن نحاول أن نوجزها في هذا المقال .

فثاني معاني الضلال في القرآن ، هو ضد " التذكر " كما في قوله تعالى " أَنْ تَضِلَّ إِحْدَاهُمَا فَتُذَكِّرَ إِحْدَاهُمَا الْأُخْرَى " (البقرة 282) .

وثالث معاني الضلال في القرآن ، هو ضد "تعليم الكتاب والحكمة " كما في قوله تعالى " لَقَدْ مَنَّ اللَّهُ عَلَى الْمُؤْمِنِينَ إِذْ بَعَثَ فِيهِمْ رَسُولًا مِنْ أَنْفُسِهِمْ يَتْلُو عَلَيْهِمْ آيَاتِهِ وَيُزَكِّيهِمْ وَيُعَلِّمُهُمُ الْكِتَابَ وَالْحِكْمَةَ وَإِنْ كَانُوا مِنْ قَبْلُ لَفِي ضَلَالٍ مُبِينٍ " (آل عمران 164) . وكما في قوله تعالى " هُوَ الَّذِي بَعَثَ فِي الْأُمِّيِّينَ رَسُولًا مِنْهُمْ

يَتْلُو عَلَيْهِمْ آيَاتِهِ وَيُزَكِّيهِمْ وَيُعَلِّمُهُمُ الْكِتَابَ وَالْحِكْمَةَ وَإِنْ كَانُوا مِنْ قَبْلُ لَفِي ضَلَالٍ مُبِينٍ " (الجمعة   2) .

أما رابع معاني الضلال في القرآن ، فهو ضد" الرحمة والمغفرة " كما في قوله تعالى " وَلَمَّا سُقِطَ فِي أَيْدِيهِمْ وَرَأَوْا أَنَّهُمْ قَدْ ضَلُّوا قَالُوا لَئِنْ لَمْ يَرْحَمْنَا رَبُّنَا وَيَغْفِرْ لَنَا لَنَكُونَنَّ مِنَ الْخَاسِرِينَ " (الأعراف 149) .

أما خامس معاني الضلال في القرآن ، فهو ضد " الفضل " كما في قوله تعالى " وَلَوْلَا فَضْلُ اللهِ عَلَيْكَ وَرَحْمَتُهُ لَهَمَّتْ طَائِفَةٌ مِنْهُمْ أَنْ يُضِلُّوكَ وَمَا يُضِلُّونَ إِلَّا أَنْفُسَهُمْ " (النساء   113) .

أما سادس معاني الضلال في القرآن ، فهو ضد " الحق " كما في قوله تعالى " فَذَلِكُمُ اللَّهُ رَبُّكُمُ الْحَقُّ فَمَاذَا بَعْدَ الْحَقِّ إِلَّا الضَّلَالُ فَأَنَّى تُصْرَفُونَ " (يونس 32) .

أما سابع معاني الضلال في القرآن ، فهو ضد " التثبيت " كما في قوله تعالى" يُثَبِّتُ اللَّهُ الَّذِينَ آمَنُوا بِالْقَوْلِ الثَّابِتِ فِي الْحَيَاةِ الدُّنْيَا

وَفِي الْأَخِرَةِ وَيُضِلُّ اللَّهُ الظَّالِمِينَ وَيَفْعَلُ اللَّهُ مَا يَشَاءُ " (إبراهيم 27) .

أما ثامن معاني الضلال في القرآن ، فهو ضد " الاستسلام لله " كما في قوله تعالى " وَأَلْقَوْا إِلَى اللَّهِ يَوْمَئِذٍ السَّلَمَ وَضَلَّ عَنْهُمْ مَا كَانُوا يَفْتَرُونَ " (النحل 87) .

أما تاسع معاني الضلال في القرآن ، فهو ضد " السمع والبصر " كما في قوله تعالى " أَسْمِعْ بِهِمْ وَأَبْصِرْ يَوْمَ يَأْتُونَنَا لَكِنِ الظَّالِمُونَ الْيَوْمَ فِي ضَلَالٍ مُبِينٍ " (مريم 38) .

أما عاشر معاني الضلال في القرآن ، فهو ضد " الصدق " كما في قوله تعالى "وَإِذَا قِيلَ لَهُمْ أَنْفِقُوا مِمَّا رَزَقَكُمُ اللَّهُ قَالَ الَّذِينَ كَفَرُوا لِلَّذِينَ آمَنُوا أَنُطْعِمُ مَنْ لَوْ يَشَاءُ اللَّهُ أَطْعَمَهُ إِنْ أَنْتُمْ إِلَّا فِي ضَلَالٍ مُبِينٍ * وَيَقُولُونَ مَتَى هَذَا الْوَعْدُ إِنْ كُنْتُمْ صَادِقِينَ "(يس 47 – 48) .

أما المعنى الحادي عشر للضلال في القرآن ، فهو ضد " العقل " كما في قوله تعالى " وَلَقَدْ أَضَلَّ مِنْكُمْ جِبِلًّا كَثِيرًا أَفَلَمْ تَكُونُوا تَعْقِلُونَ " (يس 62) .

أما المعنى الثاني عشر للضلال في القرآن ، فهو ضد " الإسلام " كما في قوله تعالى " أَفَمَنْ شَرَحَ اللَّهُ صَدْرَهُ لِلْإِسْلَامِ فَهُوَ عَلَى نُورٍ مِنْ رَبِّهِ فَوَيْلٌ لِلْقَاسِيَةِ قُلُوبُهُمْ مِنْ ذِكْرِ اللَّهِ أُولَئِكَ فِي ضَلَالٍ مُبِينٍ " (الزمر 22) . وقد وضحنا ذلك في مقال سابق عن معاني الإسلام في القرآن .

أما المعنى الثالث عشر للضلال في القرآن ، فهو ضد " الاستقامة " كما في قوله تعالى " وَقَالَ الَّذِينَ كَفَرُوا رَبَّنَا أَرِنَا الَّذَيْنِ أَضَلَّانَا مِنَ الْجِنِّ وَالْإِنْسِ نَجْعَلْهُمَا تَحْتَ أَقْدَامِنَا لِيَكُونَا مِنَ الْأَسْفَلِينَ * إِنَّ الَّذِينَ قَالُوا رَبُّنَا اللَّهُ ثُمَّ اسْتَقَامُوا تَتَنَزَّلُ عَلَيْهِمُ الْمَلَائِكَةُ أَلَّا تَخَافُوا وَلَا تَحْزَنُوا وَأَبْشِرُوا بِالْجَنَّةِ الَّتِي كُنْتُمْ تُوعَدُونَ " (فصلت 29 – 30) .

أما المعنى الرابع عشر للضلال في القرآن ، فهو ضد " الإيمان بالآخرة " كما في قوله تعالى " يَسْتَعْجِلُ بِهَا الَّذِينَ لَا يُؤْمِنُونَ بِهَا

وَالَّذِينَ آمَنُوا مُشْفِقُونَ مِنْهَا وَيَعْلَمُونَ أَنَّهَا الْحَقُّ أَلَا إِنَّ الَّذِينَ يُمَارُونَ فِي السَّاعَةِ لَفِي ضَلَالٍ بَعِيدٍ " (الشورى 18) .

أما المعنى الخامس عشر للضلال في القرآن ، فهو ضد " الصبر " كما في قوله تعالى "وَلَمَنْ صَبَرَ وَغَفَرَ إِنَّ ذَلِكَ لَمِنْ عَزْمِ الْأُمُورِ * وَمَنْ يُضْلِلِ اللَّهُ فَمَا لَهُ مِنْ وَلِيٍّ مِنْ بَعْدِهِ وَتَرَى الظَّالِمِينَ لَمَّا رَأَوُا الْعَذَابَ يَقُولُونَ هَلْ إِلَى مَرَدٍّ مِنْ سَبِيلٍ " (الشورى 43 – 44) .

أما المعنى السادس عشر للضلال في القرآن ، فهو ضد " النصرة " كما في قوله تعالى " وَمَا كَانَ لَهُمْ مِنْ أَوْلِيَاءَ يَنْصُرُونَهُمْ مِنْ دُونِ اللَّهِ وَمَنْ يُضْلِلِ اللَّهُ فَمَا لَهُ مِنْ سَبِيلٍ " (الشورى 46) .

أما المعنى السابع عشر للضلال في القرآن ، فهو ضد " الوحي " كما في قوله تعالى " مَا ضَلَّ صَاحِبُكُمْ وَمَا غَوَى * وَمَا يَنْطِقُ عَنِ الْهَوَى * إِنْ هُوَ إِلَّا وَحْيٌ يُوحَى " (النجم 2 – 4)

أما المعنى الثامن عشر للضلال في القرآن ، فهو ضد " القرب من الله " كما في قوله تعالى " فَأَمَّا إِنْ كَانَ مِنَ الْمُقَرَّبِينَ * فَرَوْحٌ وَرَيْحَانٌ وَجَنَّةُ نَعِيمٍ * وَأَمَّا إِنْ كَانَ مِنْ أَصْحَابِ الْيَمِينِ * فَسَلَامٌ لَكَ مِنْ أَصْحَابِ الْيَمِينِ * وَأَمَّا إِنْ كَانَ مِنَ الْمُكَذِّبِينَ الضَّالِّينَ * فَنُزُلٌ مِنْ حَمِيمٍ * وَتَصْلِيَةُ جَحِيمٍ " (الواقعة 88 – 94) .

أما المعنى التاسع عشر للضلال في القرآن ، فهو ضد " التوكل على الله " كما في قوله تعالى " قُلْ هُوَ الرَّحْمَنُ آمَنَّا بِهِ وَعَلَيْهِ تَوَكَّلْنَا فَسَتَعْلَمُونَ مَنْ هُوَ فِي ضَلَالٍ مُبِينٍ " (الملك 29) .

أما المعنى العشرون للضلال في القرآن ، فهو ضد " النعمة " ، كما في قوله تعالى " صِرَاطَ الَّذِينَ أَنْعَمْتَ عَلَيْهِمْ غَيْرِ الْمَغْضُوبِ عَلَيْهِمْ وَلَا الضَّالِّينَ " (الفاتحة 7) .

أما المعنى الحادي والعشرون للضلال في القرآن ، فهو ضد " الرسالة " ، كما في قوله تعالى " قَالَ يَا قَوْمِ لَيْسَ بِي ضَلَالَةٌ وَلَكِنِّي رَسُولٌ مِّن رَّبِّ الْعَالَمِينَ " (الأعراف 61) .

أما المعنى الثاني والعشرون للضلال في القرآن ، فهو ضد " العلم " ، كما في قوله تعالى " إِنْ كَادَ لَيُضِلُّنَا عَنْ أَلِهَتِنَا لَوْلَا أَنْ صَبَرْنَا عَلَيْهَا وَسَوْفَ يَعْلَمُونَ حِينَ يَرَوْنَ الْعَذَابَ مَنْ أَضَلُّ سَبِيلًا " (الفرقان 42) .

هذا ونكتفي بهذا القدر من معاني الضلال في القرآن ، وقد يكون هناك معاني أخرى لم نجمعها في هذا المقال .

كان هذا كي نضع كل مصطلح في موضعه ولا نحرف الكلم عن مواضعه .

ندعو الله أن يهدينا وإياكم سواء السبيل .

هذا وبالله التوفيق .